WORKBOOK

by
Barbara Michaelides
University of Louisiana at Monroe

to accompany

Spanish for Business

Patricia Rush
Ventura College

Patricia Houston
Pima Community College

Instructor: Maria Lee
VMMC 202P
WSU

D1160171

PEARSON
Prentice
Hall

UPPER SADDLE RIVER, NEW JERSEY 07458

Publisher: Phil Miller
Senior Acquisitions Editor: Bob Hemmer
Assistant Director of Production: Mary Rottino
Editorial/Production Supervision: Nancy Stevenson
Media Production Manager: Roberto Fernández
Development Editor: Mariam Pérez-Roch Rohlfing
Assistant Editor: Meriel Martínez Moctezuma
Editorial Assistant: Pete Ramsey
Executive Marketing Manager: Eileen Bernadette Moran
Prepress and Manufacturing Buyer: Brian Mackey

This book was set in 11/14 Bembo by Carlisle Communications, Ltd., and was printed and bound by Phoenix Book Tech. The cover was printed by Phoenix Book Tech.

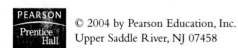

© 2004 by Pearson Education, Inc.
Upper Saddle River, NJ 07458

Printed in the United States of America
10 9 8 7 6 5 4 3 2 1

ISBN 0-13-140022-3

Pearson Education LTD., *London*
Pearson Education Australia PTY, Limited, *Sydney*
Pearson Education Singapore, Pte. Ltd
Pearson Education North Asia Ltd, *Hong Kong*
Pearson Education Canada, Ltd., *Toronto*
Pearson Educación de Mexico, S.A. de C.V.
Pearson Education—Japan, *Tokyo*
Pearson Education Malaysia, Pte. Ltd
Pearson Education, *Upper Saddle River,* New Jersey

Table of Contents

WORKBOOK

by
Barbara Michaelides
University of Louisiana at Monroe

to accompany

Spanish for Business

Patricia Rush
Ventura College

Patricia Houston
Pima Community College

¡Por aquí, por favor!

P-1. Saludos.   Greet the following people appropriately according to the time of day shown on the clock.

Modelo: Señor Rodríguez
Buenos días, señor Rodríguez.

1.   Señor López _____

2.   Señorita Aguilar _____

3.   Leonora Uriarte _____

4.   Señora Torres _____

P-2. Una conversación.   Complete the blanks in the following dialogue, according to the information from the context.

SECRETARIA: Buenos días. ¿Cómo _____ usted?

CLIENTE: Me _____ Eleonora Acevedo.

SECRETARIA: Mucho _____ , señorita Acevedo.

CLIENTE: _____ .

JUAN: Hola, Marta. ¿Cómo _____ ?

MARTA: Muy _____ , gracias. Y ¿usted?

JUAN: ¿Yo? _____ muy bien, gracias.

MARTA: Adiós, Juan.

JUAN: Hasta _____ , Marta.

P–3. Correspondencias.   Choose the best response to each question or statement below.

1. ¿ Cómo está usted hoy?

   a. Regular.

   b. Me llamo María.

   c. Mucho gusto.

2. Mucho gusto, señorita.

   a. Estoy muy bien, gracias.

   b. Igualmente.

   c. Me llamo Juan.

3. Soy Alfredo Sánchez. ¿Y usted?

   a. Buenas tardes.

   b. Estoy muy bien.

   c. Soy Elisa Moreno.

4. ¿Cómo se llama usted?

   a. No estoy bien.

   b. Me llamo Elena.

   c. Igualmente.

5. Nos vemos.

   a. Hola.

   b. Hasta luego.

   c. Regular.

P–4. ¿Qué número es?   Match the numbers in both columns.

Modelo: nueve   _9_

   1. veintidós   _____   **a.** 8

   2. catorce   _____   **b.** 31

   3. treinta   _____   **c.** 14

   4. once   _____   **d.** 18

   5. ocho   _____   **e.** 29

   6. veintinueve   _____   **f.** 22

   7. treinta y uno   _____   **g.** 12

   8. doce   _____   **h.** 30

   9. siete   _____   **i.** 11

   10. dieciocho   _____   **j.** 7

P-5. Unas preguntitas. Answer each question below according to the model.

Modelo: ¿Cuántos. . . domingos hay en una semana?
Hay un domingo en una semana.
¿Cuántos/as. . .

I. días hay en septiembre?

2. días hay en una semana?

3. horas hay en un día?

4. minutos hay en media hora?

5. señoritas hay en la clase?

6. días hay en diciembre?

7. señores hay en la clase?

8. profesores hay en la clase?

P-6. El señor Chamorro. Look at Mr. Chamorro's calendar. The X's indicate the days he's out of the office and doesn't work (no trabaja). The rest of the time he usually works (trabaja) all day long. Use this information to answer his clients' inquiries.

JULIO						CALENDARIO
DOM	LUN	MAR	MIÉR	JUE	VIER	SÁB
	1	2	3	4	5	6
7	8	9	10	11	12	13
14	15	16	17	18	19	20
21	22	23	24	25	26	27
28	29	30	31			

I. ¿Qué día de la semana no trabaja el señor Chamorro?

2. ¿Trabaja el jueves, dieciocho de julio?

3. ¿Trabaja el lunes, veintinueve de julio?

Now, take another look at the calendar and complete the statements accordingly.

I. Los lunes son el _____ , _____ , _____ , _____ y el _____ .

2. Los martes son el _____ , _____ , _____ , _____ y el _____ .

3. Los viernes son el _____ , _____ , _____ y el _____ .

P-7. Un poco más personal.   Answer the following questions with personal information.

Modelo: ¿Qué días no trabaja usted?
   Los lunes, los miércoles y los domingos.

1. ¿Qué días trabaja usted?

2. ¿Qué días no trabaja?

3. ¿Qué días hay clase de español?

4. ¿Qué día es hoy?

P-8. ¿Qué fecha es hoy?   Write out the dates in Spanish, according to the model. **¡OJO!** Remember that the day always precedes the month when writing the date in Spanish.

Modelo: 23/12   *Hoy es el 23 de diciembre.*

1. 12/2

2. 31/12

3. 1/4

4. 4/7

5. 11/11

6. 10/9

7. 30/5

P-9. A quien corresponda.   Match each pronoun with the correct person.

1. _____ yourself

2. _____ the person to whom you are speaking (an older person)

3. _____ the child to whom you are speaking

4. _____ two women about whom you are talking

5. _____ two people to whom you are speaking

6. _____ yourself and another person

7. _____ a woman about whom you are talking

8. _____ a man about whom you are talking

9. _____ two men about whom you are talking

a. tú

b. ellos

c. ellas

d. usted

e. nosotros (as)

f. yo

g. él

h. ella

i. ustedes

P-10. Los buenos modales.   Be polite. What would be the right thing to say in each circumstance below?

1. You spill some coffee on a colleague.

2. A friend buys you a drink.

3. Someone thanks you for a kindness.

4. You ask someone for a favor.

5. You need to get by someone who is in your way.

Una entrevista

1-1. ¡A llenar la solicitud!   You work for a placement agency. Four job applicants need your help. They have emailed you some basic information about themselves. You need to fill out pre-applications in order to start a file on each of them. Read the following four emails and then fill out the pre-applications with the pertinent information. If no information is given for some areas, leave them blank.

A.

....

Buenos días. Me llamo Luisa Mendoza y vivo en la calle Roma, número 144. Tengo 33 años y soy soltera. Trabajo para la compañía Lanporte donde soy recepcionista. Puede llamarme al 362-4875 si necesita más información. Gracias.

B.

....

Hola. Yo soy Miguel Antonio Felici y necesito trabajo como instructor. Mi dirección es Villa Jimena 365 y mi teléfono es el 363-7124. Soy casado con dos hijos. Mi fecha de nacimiento es el 3 de mayo de 1972.

C.

....

Me llamo Héctor Menéndez y vivo en la calle Santander 923. Mi número de teléfono es el 387-2371 y el número del fax es el 387-2355. Tengo 28 años y necesito trabajo como secretario. Hasta luego.

D.

....

Muy buenos días. Me llamo Gabriela Alonso Vera y mi dirección es calle Teniente Santoni, número 14. Vivo en el apartamento 3. Puede llamarme al 362-1213. Mi número de Seguro Social es el 365-78-1450.

Solicitud	Solicitud	Solicitud	Solicitud
Apellido(s): _____	Apellido(s): _____	Apellido(s): _____	Apellido(s): _____
Nombre: _____	Nombre: _____	Nombre: _____	Nombre: _____
Dirección: _____	Dirección: _____	Dirección: _____	Dirección: _____
Teléfono: _____	Teléfono: _____	Teléfono: _____	Teléfono: _____
Estado civil: _____	Estado civil: _____	Estado civil: _____	Estado civil: _____
Seguro Social:_____	Seguro Social:_____	Seguro Social:_____	Seguro Social:_____
Edad: _____	Edad: _____	Edad: _____	Edad: _____
Empleo solicitado: _____	Empleo solicitado: _____	Empleo solicitado: _____	Empleo solicitado: _____
_____	_____	_____	_____

1-2. ¿Qué hora es?   Julia never knows what time it is. At various moments during her day, she stops to ask her colleague the time. Please answer her questions based on the following information. Be sure to add A.M. or P.M. if given.

Modelo: (8:45) *Son las nueve menos cuarto or Son las nueve menos quince.*

1. (8:30 A.M.) _____

2. (10:15) _____

3. (12:00) _____

4. (1:40 P.M.) _____

5. (3:20) _____

6. (5:00 P.M.) _____

1-3. ¡Tengo cita!   Six job candidates have appointments with the employment agency. List the times for them according to the model.

Modelo: (8:30 A.M.) *Hay cita a las ocho y media de la mañana.*

1. (8:15 A.M.) _____

2. (9:00 A.M.) _____

3. (9:45 A.M.) _____

4. (1:00 P.M.) _____

5. (2:20 P.M.) _____

6. (3:40 P.M.) _____

1-4. Una buena impresión.   Four candidates are preparing for an interview. They have each made a short list of things to do. Who will get the job and why?

A.	B.	C.	D.
...usar mucho perfume.	...llevar jeans.	...peinarse bien.	...no limpiar las manos.
...tener buen aliento.	...no llevar corbata.	...usar buenos artículos básicos.	...llevar ropa informal.
...llevar un vestido muy corto (short).	...masticar chicle.	...llevar un traje.	...no prestar atención al aliento.

¿Quién consigue el puesto? ¿ Por qué?

Who gets the job and why?

_____

_____

_____

1-5. Los pronombres. Match the pronouns in column A with their corresponding forms from column B.

A.

1. nosotros _____
2. Ud. _____
3. tú _____
4. ellos _____
5. yo _____
6. Uds. _____
7. ella _____
8. él _____

B.

a) you (plural)
b) we
c) she
d) you (formal)
e) I
f) they
g) he
h) you (informal)

1-6. Ahora con el verbo. Now match the corresponding verb forms of column B to the matching subject pronoun in column A.

A.

1. nosotros _____
2. Ud. _____
3. tú _____
4. ellos _____
5. yo _____
6. Uds. _____
7. ella _____
8. él _____

B.

a) eres
b) soy
c) son
d) es
e) somos
f) es
g) son
h) es

1-7. El verbo ser. Fill in the blanks with the correct form of the verb **ser.**

Me llamo Inés Cruz Castro y yo (1) _____ de Colombia. Mi mejor amiga, María, (2) _____ de Colombia también. Nosotras (3) _____ simpáticas. Yo (4) _____ extrovertida pero María (5) _____ introvertida. Mi padre (6) _____ ejecutivo de un banco. Y mi madre (7) _____ doctora. Ellos (8) _____ muy inteligentes. Los padres de María (9) _____ maestros. Ellos (10) _____ muy trabajadores.

1-8. Mi nacionalidad. Tell where the following people are from and then give their nationalities based on the model.

Modelo: Manuel/hondureño
Manuel es de Honduras.
Manuel es hondureño.

1. Juan y Marcos/mexicano

_____

_____

2. Nosotras/colombiano

_____

_____

3. Uds./argentino

_____

_____

4. Tú/cubano

_____

_____

5. Yo/chileno

_____

_____

6. El Dr. Sánchez/boliviano

_____

_____

1-9. Palabras descriptivas. Circle the word that does not belong in the group.

1. trabajador, dedicado, alto

2. guapo, alto, responsable

3. antipático, eficiente, responsable

4. fuerte, perezoso, agresivo

5. ambicioso, honesto, agresivo

6. extrovertido, pasivo, tímido

7. negligente, optimista, simpático

8. cooperativo, dedicado, bilingüe

1-10. Familias de palabras. Guess the meaning of the following words, based on the words you already know. Then write the related vocabulary words in the blanks provided.

Modelo:

New Words	Meaning	Related Vocabulary
la dedicación	*dedication*	*dedicado*

New Words	Meaning	Related Vocabulary
1. el trabajo	_____	_____
2. la honestidad	_____	_____
3. la timidez	_____	_____
4. la ambición	_____	_____
5. la agresión	_____	_____
6. la responsabilidad	_____	_____
7. la eficiencia	_____	_____
8. la inteligencia	_____	_____
9. la fuerza	_____	_____
10. la pereza	_____	_____

1-11. ¿Cómo son? Rewrite the following sentences with the new subject given and use the appropriate form of the verb **ser** and an adjective that is the direct opposite of the one given.

Modelo: Los chicos son cómicos.
La chica. . .
La chica es seria.

1. Los señores son bajos.

La señora. . . _____

2. La clase es fácil.

Las clases. . . _____

3. Nosotros somos guapos.

Yo. . . _____

4. Yo soy optimista.

Uds.. . . _____

5. Ud. es tímido.

Ella. . . _____

6. Juan es casado.

La doctora. . . _____

7. La secretaria es trabajadora.

Juan. . . _____

8. Uds. son honestos.

Tú. . . _____

9. Juan es irresponsable.

Los instructores. . . _____

10. María es fuerte.

Nosotros. . . _____

1-12. ¿Cómo son? Say what the following people are like by writing a sentence about each one, using at least two adjectives.

Modelo: Lance Armstrong
Lance Armstrong es trabajador y fuerte.

1. Los maestros _____

2. David Spade _____

3. Ted Turner _____

4. Hillary Clinton _____

5. Ricky Martin _____

6. Shaquille O'Neal _____

1-13. El diálogo. Read the following dialogue and then provide the requested information in the space provided.

AGENTE:	Buenas tardes. ¿Cómo se llama Ud.?
CANDIDATA:	Soy Lucía Moreno Sánchez.
AGENTE:	¿Qué empleo solicita?
CANDIDATA:	El empleo en relaciones públicas.
AGENTE:	¿Cuál es su nivel de educación?
CANDIDATA:	Cuatro años de estudios en la universidad.
AGENTE:	¿Cómo es Ud.?
CANDIDATA:	Soy muy extrovertida y trabajadora. También soy responsable.
AGENTE:	¿Y experiencia?
CANDIDATA:	Dos años de trabajo con una agencia de publicidad.

Apellido: _____

Nombre: _____

Puesto solicitado: _____

Educación: _____

Descripción: _____

Años de experiencia: _____

1-14. Los artículos de la oficina. Circle the word that does not belong.

1. planta, mesa, sofá

2. escritorio, silla, maquiladora

3. impresora, monitor, candidata

4. teléfono, ventana, pintura

5. pluma, estantes, teléfono

6. oficina, secretaria, directora

1-15. Más artículos de la oficina. Fill in the blanks with the letter of the word that best completes the sentence.

a) ventana	b) computadora	c) silla	d) estante	e) teléfono
f) pintura	g) pluma	h) secretaria	i) planta	j) candidato

1. Junto a mi escritorio hay una _____ .

2. El procesador de palabras (*words*) está en la _____ .

3. En la pared hay una _____ .

4. Hay muchos libros en el _____ .

5. La persona que solicita el empleo es el _____ .

6. La flora es una _____ .

7. Yo me comunico con personas por _____ .

8. El aire entra por la _____ .

9. Escribo (*I write*) con una _____ .

10. La _____ trabaja para la directora.

1-16. Las palabras interrogativas. Read the following answers and then provide the questions.

Modelo: Hay siete personas en la oficina.
> *¿Cuántas personas hay en la oficina?*

1. El director de producción es el Sr. Mendoza.

¿ _____ ?

2. Soy de Monterrey, México.

¿ _____ ?

3. El seminario es el quince de junio.

¿ _____ ?

4. Estudio administración de empresas.

¿ _____ ?

5. Mi profesión es la de arquitecto.

¿ _____ ?

6. Teresa es trabajadora, simpática y alta.

¿ _____ ?

7. Necesito dinero porque tengo que pagar la inscripción del seminario.

¿ _____ ?

8. Mi número de teléfono es el 342-1490.

¿ _____ ?

1-17. Los sinónimos.   Choose a synonym from the word bank for the following words.

a) compañía	b) prestaciones	c) diploma	d) supervisor
e) salario	f) personal	g) capacitación	h) fábrica

I. maquiladora   _____

2. director   _____

3. dinero   _____

4. certificado   _____

5. empresa   _____

6. beneficios   _____

7. clases profesionales   _____

8. trabajadores   _____

1-18. El vocabulario del trabajo.   Circle the word that does not belong and then provide a word from the word bank to properly complete the sequence.

a) pluma	b) sueldo	c) vacaciones
d) fábrica	e) directora	f) equipo

I. oficina, líder, supervisión _____

2. destrezas, personal, candidata _____

3. teléfono, escritorio, seguro _____

4. compañía, empresa, flujo _____

5. estacionamiento, producción, seguro de salud _____

6. capacitación, dinero, salario _____

1-19. Los anuncios clasificados. Read the following classified ads and then the description of interested applicants that follows. Match the ads to the appropriate applicants. Give one reason why they match.

Empresa internacional solicita secretaria bilingüe. Se ofrecen buenas prestaciones como 10 días al año de vacaciones, varios planes de salud, y capacitación en el trabajo. Llamar al 342-6792 o enviar su solicitud a calle Montaner 934, D.F.

A

Compañía de seguros necesita secretaria bilingüe. Ofrecemos buen salario y prestaciones amplias.
• Requisitos: experiencia de dos años y conocimientos de inglés y español.
Llamar al 696-8241.

B

▪ Fábrica de artículos domésticos busca secretaria. Necesita hablar dos idiomas y estar dispuesta a trabajar en Colombia. Salario a convenir *(negotiable)* según la experiencia.
Llamar al 696-2517.

C

1. Fabiola Dante trabaja desde hace dos años como secretaria en una empresa nacional. Ella prefiere trabajar para una empresa multinacional. _____

2. Enriqueta Domínguez necesita unas vacaciones de por lo menos *(at least)* una semana. También quiere tomar clases donde trabaja. _____

3. El sueño *(dream)* de Josefa Saenz es trabajar en otro país *(country)*. Ella es bilingüe. _____

1-20. Los artículos. Fill in the blanks with the proper definite article.

1. Margarita lee _____ anuncios en _____ diario.

2. Margarita llena _____ solicitud y firma _____ contrato.

3. _____ referencias de Margarita son muy buenas.

4. Margarita habla con _____ directora de recursos humanos.

5. _____ directora explica _____ objetivos de _____ empresa.

6. _____ vacaciones son parte de _____ prestaciones de _____ compañía.

7. _____ planes de seguro de salud son buenos.

8. _____ orientación es para _____ empleados nuevos.

1-21. Más artículos.   Give the indefinite article that agrees with the following nouns.

1. _____ formularios

2. _____ contrato

3. _____ oficina

4. _____ garantías

5. _____ prestaciones

6. _____ empresa

7. _____ póliza

8. _____ referencias

1-22. ¡A usar los artículos!   Provide the definite or indefinite article for the following.

(The) _____ empleados de las empresas Gándara reciben (some) _____ buenas prestaciones. (The) _____ seguro de salud incluye (the) _____ compañías Met Life, CIGNA y MEDICARE. (The) _____ seguro incluye (some) _____ opciones diferentes. (The) _____ empleado llena (a) _____ formulario y firma (the) _____ contrato. (The) _____ empleados forman parte de (an) _____ unión de trabajadores. (The) _____ unión es (a) _____ sindicato. Cuando (an) _____ empleado tiene problemas, habla con (the) _____ director de personal.

1-23. A rellenar el espacio en blanco.   Fill in the blank with the letter of the word that best completes the sentence.

a) póliza	b) sindicato	c) solicitud	d) computadora
e) director	f) copiadora	g) cafetería	h) recepcionista

1. Un grupo de papeles para llenar es la _____ .

2. Una máquina para copias es una _____ .

3. Una máquina con procesador de palabras es una _____ .

4. Un contrato con la compañía de seguros es una _____ .

5. Una señorita que contesta (*answers*) el teléfono es la _____ .

6. La unión de los empleados es el _____ .

7. Los empleados toman café en la _____ .

8. El supervisor de recursos humanos es el _____ .

1-24. ¡A leer!   The job interview is one opportunity to make a positive impression on a future employer. Read the list of important aspects of the job interview below and then add two ideas of your own.

La entrevista de trabajo

Hay varios aspectos de la entrevista de trabajo que debemos observar. Para crear una buena impresión se debe pensar en:

- la ropa formal
- la longitud, el color y el estilo del pelo
- las manos y la postura
- un currículum bien organizado y completo
- expresarse bien
- no usar demasiados gestos
- demostrar respeto, atención, confianza e interés

Now add two things you can do to be successful in the job interview.

Modelo: Para los hombres, es importante usar una corbata.

_____

_____

_____

_____

1-25. ¡A escribir!   Now it's time to prepare your own electronic resumé. Fill in the spaces with your own information.

Nombre y apellido(s)

Dirección

Ciudad

País

Teléfono

Dirección de correo electrónico

Objetivo

Educación

Experiencia profesional

Idiomas

Publicaciones/conferencias

Conocimientos informáticos

Estado civil

Datos personales

Intereses

Lugar y fecha de nacimiento

1-26. ¡A buscar!   Search the Net using the words **entrevista de trabajo** to find different questions asked in the job interview. Examine the variety of information provided at the different sites and prepare a list of some of the questions that you think are challenging. Then formulate possible answers pertaining to your own situation.

A possible site to begin with: http://contenido.monster.es/estrategias/entrevistas/consejos_entrevista/4/

1-27. Nota cultural.

Keep in mind that the job interview in the Spanish-speaking world may seem more formal than in the United States. The observation of courtesies and rituals such as traditional greetings, the use of titles, and a show of respect among the participants is a basic component of the process. Remember that the familiarity Americans demonstrate early in a relationship is best postponed until you are invited to enter into a more informal relationship. Exercise caution, be friendly and respectful, and let the other person make the first move!

LECCIÓN 2

¡Hay tanto que hacer!

2-1. Vocabulario de seguros.   Circle the word in each group that does not belong.

1. accidente, enfermedad, hospitalización, cobertura

2. decisión, gasto, prima, cotización

3. seguro, protección, deducible, plan

4. cantidad, copago, reembolso, medicina

5. visita, farmacia, receta, medicina

6. especialista, secretaria, doctor, médico

2-2. El seguro de salud.   Fill in the blanks with the words from the word bank that best complete the sentences.

el agente	el asegurado	el reembolso	los gastos	el copago
los formularios	la profesión	la prima	la receta	la atención preventiva

1. Cada mes pago por la hipoteca de la casa, la electricidad, el teléfono, el gas, la televisión por cable, y el seguro. Son _____ .

2. La cantidad de dinero que pago cada mes por el seguro es _____ .

3. Los papeles que lleno para comprar una póliza son _____ .

4. El dinero que yo pago cuando visito al médico es _____ .

5. Cuando visito al médico y no estoy enfermo/a, es _____ .

6. Cuando yo le pago al médico y después, la compañía de seguros me da el dinero, es _____ .

7. Mi ocupación es _____ .

8. El papel que necesito para comprar medicina en la farmacia es _____ .

9. La persona que tiene el plan de seguro es _____ .

10. El representante que vende la póliza es _____ .

2-3. El significado.   Give the meanings of the following words in English.

1. ofrecer _____

2. incluir _____

3. lista _____

4. médico _____

5. limitado _____

6. visita _____

7. aceptar _____

8. año _____

9. electricidad _____

10. televisión por cable _____

11. llenar _____

12. visitar _____

2-4. Sinónimos y significados.   Give a synonym or definition in Spanish for the following words or expressions.

1. papeles _____

2. receta _____

3. representante _____

4. mes _____

5. individuo _____

6. monto _____

7. costo _____

8. dueño _____

2-5. Los antónimos.   Give the opposite of the following expressions.

1. alto _____

2. joven _____

3. fuerte _____

4. pesimista _____

5. gordo _____

6. pequeño _____

7. malo _____

8. rubio _____

2-6. Los adjetivos.   Change the adjective according to the new noun given.

1. un gasto familiar

2. la señora confundida

3. el seguro médico

4. el señor viejo

5. la cantidad alta

6. atención máxima

7. las economías fuertes

8. un agente bueno

pólizas _____

los señores _____

la atención _____

las señoras _____

los copagos _____

beneficios _____

los mercados _____

unas noticias _____

2-7. Rellene el espacio en blanco. Using the following word bank, fill in the blanks with the correct form of the adjective.

mayor	gordo	familiar	catastrófico mayor	farmacéutico
mensual	castaño	confundido	bajo	médico

1. Una póliza _____ cubre toda la familia.

2. Los gastos _____ son para la medicina.

3. Cuando una persona no puede decidir, la persona está _____ .

4. Mis hermanos no son delgados; son _____ .

5. Una póliza de gastos médicos mayores cubre problemas _____ .

6. Mi madre no es alta; es _____ .

7. Cuando pago la prima todos los meses, es un pago _____ .

8. Mi hijo tiene siete años y mi hija tiene cinco años. Mi hijo es _____ .

9. Los planes _____ pagan los gastos de hospitalización.

10. El pelo de mi esposa no es rubio; es _____ .

2-8. ¿Te gusta? Answer the following questions in a complete sentence.

Modelo: ¿Te gustan las casas con dos baños?
Sí, me gustan las casas con dos baños.
No, no me gustan las casas con dos baños.

1. ¿Te gusta el garaje para dos coches? _____

2. ¿Te gustan los reembolsos rápidos? _____

3. ¿Te gustan los copagos bajos? _____

4. ¿Te gusta la póliza familiar? _____

5. ¿Te gustan los buenos servicios de emergencia? _____

6. ¿Te gusta la cobertura amplia? _____

7. ¿Te gustan los buenos descuentos? _____

8. ¿Te gustan las hipotecas de treinta años? _____

9. ¿Te gustan los apartamentos modernos? _____

10. ¿Te gustan los riesgos? _____

2-9. ¡Necesito una póliza!   *Olga is a young woman living in Miami with her parents. She just graduated from the university and will be renting an apartment. She calls an insurance agent to find out some information.*

AGENTE: Buenas tardes, Seguros Panamericanos.

OLGA: Buenas tardes.

AGENTE: ¿En qué puedo servirle? (*How may I help you?*)

OLGA: Busco información sobre seguros de automóvil y de vivienda.

AGENTE: Bueno, nuestra compañía ofrece varios planes. Pero primero necesitamos información. ¿Cómo se llama Ud.?

OLGA: Olga María de la Rocha.

AGENTE: ¿Cuántos años tiene Ud.?

OLGA: Veintidós.

AGENTE: ¿Cuál es su dirección?

OLGA: Ahora vivo con mis padres en la calle Lima, número 865, pero deseo alquilar un apartamento. Trabajo para la compañía Servitex.

AGENTE: Ah. Entonces Ud. necesita una póliza para inquilinos. La póliza cubre todos sus bienes en caso de inundación, incendio, robo, u otros riesgos.

OLGA: No tengo muchos muebles pero tengo televisor, equipo estereofónico y ropa. Y un auto usado.

AGENTE: ¿Qué tipo de auto tiene Ud.?

OLGA: Un Toyota Corolla.

AGENTE: ¿De qué año?

OLGA: Del noventa y ocho.

AGENTE: Muy bien. Ahora necesito calcular las primas según su información para darle unas cotizaciones.

OLGA: ¿Las primas?

AGENTE: Sí, el dinero que Ud. paga por el seguro.

OLGA: Ya comprendo. ¿Y con qué frecuencia pago la prima?

AGENTE: Depende. Hay pagos mensuales y pagos trimestrales.

OLGA: Muy bien. Espero las cotizaciones y hablamos más tarde.

AGENTE: Bien. Mientras tanto, Ud. necesita llenar un formulario con más detalles para nosotros. Lo mando (*I'll send it*) por correo.

OLGA: Gracias. Adiós.

Now fill out the form the agent sends Olga, using some of the information from the dialogue. If not provided in the dialogue, create the information.

Apellidos y nombre: _____ Edad: _____

Dirección: _____

Lugar de trabajo: _____

Me interesa el seguro de: vivienda _____ inquilino _____ auto _____ salud _____

Nombre y modelo del auto: _____

Año de fabricación del auto: _____

Número de identificación del vehículo: _____

Prefiero pagar: mensualmente _____ trimestralmente _____

Prepare una lista breve de sus bienes que desea asegurar:

_____   _____

_____   _____

_____   _____

_____   _____

_____   _____

2-10. El inventario.   Fill in the following inventory with at least three articles you own that will be covered under your renter's policy. The first one is done for you.

Artículo	Marca y número de modelo	Dónde se compró	Costos de reemplazo	Valor actual
Cámara de vídeo	Ozawa XF30	ElectroGiant	$800	$600

2-11. A completar.   Rewrite the following sentences, using the new subject as a guideline.

Modelo: Yo hablo con el cliente.
El agente: El agente habla con el cliente.

1. El agente prepara la cotización.

   Los agentes ——————————————————————————————

2. Yo regreso del trabajo a las cinco y media.

   Mi esposo ——————————————————————————————

3. Mi amigo busca trabajo.

   Nosotros ——————————————————————————————

4. Ud. habla con el representante.

   Tú ————————————————————————————————

5. Nosotros calculamos el interés.

   Yo ————————————————————————————————

6. Uds. necesitan una póliza nueva.

   Susana ——————————————————————————————

7. Julio mira la información.

   Ud. ————————————————————————————————

8. Ellos escuchan la conversación.

   Yo ————————————————————————————————

9. El agente ayuda a mi amiga.

   Uds. ————————————————————————————————

10. Los clientes trabajan con el agente.

    Yo ————————————————————————————————

2-12. Una entrevista.   You are filling out survey questions about your insurance by a marketing firm that represents an insurance company. Write out the answers to the following questions.

1. ¿Dónde trabajas? _____

2. ¿Necesitas un plan familiar o un plan individual para el seguro de salud? _____

3. ¿Tu plan incluye seguro dental y de vista? _____

4. ¿Alquilas un apartamento o una casa? _____

5. ¿Buscas una póliza de vivienda? _____

6. ¿Tienes suficiente cobertura para tu auto? _____

7. Cuando observas un accidente, ¿llamas a la policía? _____

8. ¿Limpias tu auto bien cada semana? _____

2-13. ¡Nuestro hijo tiene licencia!   *Irene Torres is a housewife whose husband works for a large company. Their 16-year-old son just got his driver's license. They need to talk to their insurance agent to change the coverage to include their son.*

More regular -ar verbs:

contestar	*to answer*
explicar	*to explain*
preguntar	*to ask*
comprar	*to buy*
anotar	*to write down*

Mi esposo, Jorge, (1) _____ (trabajar) para la Compañía Sandoval y yo (2) _____ (trabajar) en casa. Nuestro hijo, Ramón, tiene 16 años y ahora tiene su licencia de conducir (driver's license). Nosotros (3) _____ (necesitar) cobertura de automóvil para Ramón. Mi esposo (4) _____ (llamar) al agente de seguros de la Compañía de Seguros Serenidad. El agente (5) _____ (contestar) el teléfono. Jorge (6) _____ (explicar) que nosotros (7) _____ (necesitar) cobertura para Ramón. El agente (8) _____ (preguntar) si Ramón es buen estudiante y si Ramón conduce bien. Mi esposo (9) _____ (contestar) que sí. El agente (10) _____ (calcular) la prima y mi esposo (11) _____ (escuchar) y (12) _____ (anotar) la prima. ¡Es mucho dinero! Nosotros (13) _____ (examinar) las cantidades deducibles también. Mi esposo (14) _____ (observar) que Ramón (15) _____ (necesitar) trabajar porque el seguro de automóvil es muy caro para los adolescentes. Y ahora Ramón (16) _____ (buscar) trabajo y (17) _____ (caminar) a la escuela.

2-14. Las familias de palabras. Association. Words belong to word families and are formed from the same root. Provide the verb that belongs to these word families and then guess the meaning of the other parts of speech.

Modelo: **Related words:** el sufrimiento, sufrible   **Infinitive:** *sufrir*   **Meaning:** *suffering, sufferable*

Related words:	Infinitive:	Meaning:
el alquiler, el inquilino	_____	_____
la venta, el vendedor	_____	_____
la bebida, bebible	_____	_____
la creencia, creíble	_____	_____
el escritor, la escritura	_____	_____
la promesa, prometiente	_____	_____
el recibo, recipiente	_____	_____
la comida, comestible	_____	_____
el lector, la lectura	_____	_____
la comprensión, comprensivo/a	_____	_____
la existencia, existente	_____	_____
la admisión, el admirador	_____	_____
la discusión, discutible	_____	_____

2-15. Busque la palabra. In the groups of words that follow, circle the word in the list that does not belong. Then provide a related word from the word bank.

seguro	dormitorio	propiedad	cantidad
robo	problema	rojo	bajo

1. protección, plan, cerebro, cobertura _____

2. gordo, alto, delgado, auto _____

3. copago, casa, cotización, prima _____

4. comedor, garaje, sala, ahorro _____

5. dueño, llamada, propietario, inquilino _____

6. ocupado, azul, amarillo, verde _____

7. incendio, inundación, receta, riesgo _____

8. reclamación, reembolso, formulario, restaurante _____

2-16. Una entrevista. Write out the answers to the following questions.

1. ¿Lee Ud. mucha información sobre las hipotecas?

_____

2. ¿Corre Ud. cuando tiene prisa?

_____

3. ¿Cree Ud. que es mejor comprar o alquilar una casa?

_____

4. ¿Recibe facsímiles en su trabajo?

_____

5. ¿Comprende el formulario?

_____

6. ¿Insiste en recibir buen servicio del agente de bienes raíces?

_____

7. ¿Escribe bien en español?

_____

8. ¿Aprende mucho en clase?

_____

9. ¿Debe economizar más?

_____

10. ¿Dónde vive?

_____

2-17. Mi agente de bienes raíces. Fill in the blanks with the correctly conjugated form of the verbs in parentheses.

Mi amiga Silvia es agente de bienes raíces. Ella (1) _____ (vender) casas. Sus clientes, Marcos y Elena, (2) _____ (vivir) en un apartamento. Marcos (3) _____ (recibir) un buen salario de su compañía y ellos (4) _____ (decidir) comprar su primera casa. Silvia (5) _____ (comprender) que es una decisión difícil comprar una casa por primera vez (_for the first time_). Silvia, la agente, (6) _____ (creer) que Marcos y Elena (7) _____ (deber) leer información sobre las hipotecas y los enganches. Marcos y Elena (8) _____ (prometer) leer mucho. Ellos (9) _____ (aprender) sobre las hipotecas. Ahora ellos (10) _____ (insistir en) visitar muchos bancos para comparar las diferentes tasas de interés.

2-18. ¡De venta!   Read the four ads that follow describing homes in Mexico and match the people described below with the proper housing. Write the number of the ad next to the description of the people.

1.

El Paraíso

3 dormitorios, comedor, estudio, cocina equipada, 2 baños y medio, sala, garaje para 4 autos, hermosa.

_____

Llamar al 539-89-03.

2.

El Jardín

2 dormitorios, jardín, garaje, teléfono incluido. 397-02-78.

4.

Lomas Altas

Condominio de 2 dormitorios, sala con chimenea, comedor elegante, 2 baños.
_520-89-66._

3.

Las Lomas. Vendo casa 4 dormitorios, 2 baños y medio, garaje para 2 autos, cocina (no integral), sistema de seguridad. **887-13-26.**

_____ Roberto Jesús Alemán está casado con Julia y tienen tres hijos. Roberto necesita preparar trabajo en la casa cuando no está en la oficina. También tienen un perro. Les gusta dar fiestas.

_____ María Luisa López. Es soltera y le gusta trabajar en la computadora en casa. No desea tener patio porque no tiene hijos y no tiene perros. Le gusta invitar a sus amigos a comer en su casa.

_____ Miguel y Luisa Duque están casados y no tienen hijos. Tienen un auto nuevo y también tienen un perro.

_____ Luis Miguel y Marta Inés Domench tienen dos hijos. La madre de Inés vive con ellos. Luis es un alto oficial de la compañía y tiene miedo del robo. Ellos también tienen muchos muebles y equipo de cocina.

2-19. Los sinónimos.   Give a synonym for each of the following words or expressions.

1. préstamo _____

2. enganche _____

3. bonos _____

4. salario _____

5. obtener _____

6. accidente _____

7. vivienda _____

8. vehículo _____

2-20. Tener. Fill in the blank with the appropriate *tener* expression from your textbook. Conjugate the verb to agree with the subject.

Modelo: Cuando yo _____ , como un sándwich.

        Cuando yo tengo hambre, como un sándwich.

1. Cuando Juanita _____ , bebe un refresco.

2. Cuando yo _____ , busco un suéter.

3. Cuando Raúl _____ , come un sándwich.

4. Cuando los chicos _____ , corren muy rápido.

5. Cuando nosotros _____ , dormimos.

6. Cuando Ud. _____ , bebe agua fría.

7. Cuando tú _____ , te escondes (*you hide*).

8. Cuando Eduardo _____ , celebra con una torta con cuatro velas (*a cake with four candles*).

2-21. Mis preferencias. Make a list of what type of house or apartment you prefer and why. Be sure to mention at least three different areas of the house or apartment.

Modelo: *Necesito dos dormitorios, uno para mí y uno para mis visitas.*

_____

_____

_____

_____

_____

_____

2-22. Una discusión. He says. . . she says. A couple that just bought a house is having an argument about what business has to be taken care of in order to move in. Write two sentences each in which they each state what they have to do and two sentences each in which they state what the other should do.

Modelo: *Él: Yo tengo que limpiar el taller.*

        Tú tienes que limpiar la cocina.

Él: Yo _____

          Tú _____

Ella: Yo _____

          Tú _____

Él: Yo _____

          Tú _____

Ella: Yo _____

          Tú _____

2-23. Las condiciones.   Read the following situations and then write a sentence describing that person's condition. Choose from the conditions listed above the exercise.

Modelo: Mario trabaja mucho.
  Mario está cansado.

tener ganas de	estar ocupado	tener sueño	estar aburrido
tener hambre	estar interesado	estar confundido	estar nervioso

1. Los clientes no comprenden (*understand*) las tasas de interés.

Los clientes. . . _____

2. Luisa tiene mucho trabajo.

Luisa. . . _____

3. Nosotros no dormimos (*sleep*) bien.

Nosotros. . . _____

4. Tú no comes mucho.

Tú. . . _____

5. Yo deseo buscar una casa nueva.

Yo. . . _____

6. El profesor habla en voz monótona.

El estudiante. . . _____

7. Hay un examen hoy.

Uds. . . . _____

8. Las secretarias estudian mucho las pólizas.

Las secretarias. . . _____

2-24. ¡A leer!

> ## El asegurado tiene que estar preparado cuando compra una póliza. Cuando Ud. compra un seguro, Ud. debe...
>
> - buscar el mejor precio por los mismos beneficios.
> - comprar de compañías y agentes con licencia porque los asegurados por compañías sin licencia no tienen protección.
> - investigar la reputación de la compañía.
> - decidir cuáles son las coberturas que Ud. desea y necesita y cuáles son las cantidades de seguro y los deducibles que desea.
> - obtener cotizaciones de primas de varias compañías.
> - economizar con el deducible más alto que Ud. desea pagar. Si busca un deducible alto, la prima va a ser más baja.
> - preguntar acerca de los descuentos que ofrece la compañía.
> - comprender cómo presentar una reclamación.
> - no cancelar su póliza actual sin recibir su póliza nueva.
> - preguntar cómo funciona su póliza.
> - buscar compañías de seguros que ofrecen planes de pago a plazos.
> - estar preparado para contestar preguntas sobre lo que Ud. desea asegurar (como, por ejemplo, el auto, la vivienda, la salud).

Based on the reading, choose the four points you think are the most important and explain why.

Modelo: *Es importante investigar la reputación de la compañía porque si es una compañía mala, no paga los reembolsos.*

1. _____

2. _____

3. _____

4. _____

2-25. ¡A escribir!   Write a paragraph about yourself, describing where you work and what type of health insurance you have. Also include whether or not you rent or own and what type of property/renter's insurance you have and what it covers. Tell what type of car you have and discuss what type of insurance you have on your car. If you do not yet have a job, house, apartment, or car, pretend that you do and describe the insurance.

_____

_____

_____

_____

2-26. ¡A buscar!   On the Web, click on the site *www.centralseguros.com.co* and click on **Compañía Central de Seguros.** On this page you will find the branch companies and what they insure against. Make a list of the types of insurance and in what cases someone would use this type of insurance. For example, under **riesgos** you will find **terremotos.** Find the word in your dictionary and then list the circumstances under which someone would need this type of coverage.

2-27. Nota cultural.

The concept of time in many Spanish-speaking countries differs significantly from that of the United States. Although it is advisable to be on time for appointments, be prepared to wait. Once your host receives you, do not expect to jump right into the business at hand. It is considered impolite to talk business without first discussing pleasantries totally unrelated to the job at hand. You may be offered coffee or a refreshment. Accept it, relax, and get acquainted. It will make the upcoming business much easier to transact when you allow your host to dictate the pace.

Tengo que viajar

3-1. ¡A rellenar el espacio en blanco! Fill in the blanks with the word from the word bank that best completes the definition.

a) presupuesto	b) aspirina	c) itinerario	d) sueño
e) año fiscal	f) archivo	g) confirmación	h) interno
i) ventas	j) exposición	k) café	l) pasaporte

I. _____ las horas, los días, los números de vuelos, las escalas

2. _____ colección de documentos que tienen algo (*something*) en común

3. _____ un plan proyectado para los gastos y los ingresos

4. _____ universitario que trabaja con una compañía para aprender

5. _____ exhibición donde muchas compañías presentan sus líneas de productos

6. _____ un documento de identidad de un país

7. _____ doce meses en los que hay un plan de finanzas

8. _____ medicina para el dolor de cabeza

9. _____ llamar de nuevo (*again*) para verificar reservaciones

10. _____ ofrecer productos o servicios a otras personas por dinero

II. _____ imaginación del subconsciente cuando dormimos

12. _____ bebida negra con azúcar y/o crema

3-2. Mi pasaporte.

Apellido: Solís

Nombre: Antonio Miguel

Nacionalidad: colombiano

Fecha de nacimiento: 3 octubre 1968

Sexo: masculino

Lugar de nacimiento: Bogotá, Colombia

Fecha de emisión: 10 abril 2000

Fecha de vencimiento: 9 abril 2005

Antonio Miguel Solís

Now fill in the following information about the passport holder.

Last name: _____

First name: _____

Nationality: _____

Date of birth: _____

Sex: _____

Place of birth: _____

Date of issue: _____

Date of expiration: _____

3-3. Las familias de palabras. From the list of vocabulary, try to determine the meaning of the related words.

Vocabulary	Related Word	Meaning
Dormir	dormitorio	_____
Privilegio	privilegiar	_____
Viajero	viaje	_____
Reunión	reunir	_____
Nivel	nivelar	_____
Sueño	soñar	_____
Café	cafetera	_____
Proyección	proyectar	_____
Exposición	exponer	_____
Preparar	preparación	_____

3-4. La reunión. Read the passage and then read the statements that follow. If they are true, place a **C (Cierto)** in front and if they are false, place an **F (Falso).** If the statement is false, write a true statement to correct it.

> Milagros está haciendo preparaciones para un viaje de negocios para su jefe. Ella está hablando con el agente de viajes para obtener el boleto de avión. Su jefe viaja de Miami a Caracas, Venezuela el 19 de septiembre en un vuelo directo. Un interno, Guillermo, que trabaja en la compañía, acompaña al jefe en el viaje. El jefe de Milagros tiene una reunión en Caracas el 20 de septiembre con el director de compras de una empresa venezolana. Guillermo está preparando los archivos que su jefe necesita para la reunión. También compra aspirinas porque trabaja mucho. El jefe está estudiando la información que necesita para la reunión. Milagros está contestando el teléfono también. Ella está muy ocupada. Ahora el jefe, Milagros y Guillermo necesitan un descanso *(rest)*. Están tomando café.

1. _____ Guillermo prepara el pasaporte.

2. _____ Los tres toman café.

3. _____ Milagros hace preparaciones.

4. _____ El jefe estudia el itinerario.

5. _____ Milagros contesta el teléfono.

6. _____ Milagros habla con el representante de la aerolínea.

7. _____ Guillermo está comprando aspirinas.

8. _____ El vuelo tiene una escala.

9. _____ Los tres van a Venezuela.

3-5. ¿Qué están haciendo?   Many activities take place daily in a busy office environment. Tell what the following people are doing by changing the infinitive to the present progressive tense.

Modelo: Guillermo/preparar los archivos
Guillermo está preparando los archivos.

1. Yo/hacer preparaciones

_____

2. El jefe/estudiar el presupuesto

_____

3. La recepcionista/anotar (*to write down*) un mensaje teléfonico

_____

4. Los directores/tomar una decisión

_____

5. Los clientes/esperar en la sala de espera

_____

6. El agente de viajes/hacer reservaciones

_____

7. Tú/examinar un archivo

_____

8. La secretaria/escribir una carta

_____

9. Ud./traer café

_____

10. Nosotros/mirar el itinerario

_____

3-6. Acción en progreso. Read the following sentences and then write a sentence of your own using one of the phrases from the word bank in the present progressive tense.

hablar con un agente de viajes	esperar la cita	viajar por avión	tomar aspirina
traer café	mirar el presupuesto	escribir un mensaje	hacer reservaciones

1. Miguel necesita llegar rápidamente.

_____

2. Ud. contesta el teléfono.

_____

3. El director necesita información sobre vuelos.

_____

4. Tu jefe tiene sed.

_____

5. Yo tengo dolor de cabeza (*headache*).

_____

6. Ellos deciden viajar el 14 de octubre.

_____

7. Julio necesita información sobre los gastos de la compañía.

_____

8. Los clientes no entran en la oficina del doctor.

_____

3-7. Familias de palabras. Circle the word that does not belong to the group.

  1. boleto, asiento, tarjeta de embarque

  2. cliente, capitán, asistente de vuelo

  3. maleta, equipaje, agencia

  4. la mesita, el portafolios, el asiento de ventanilla

  5. café, llegada, puerta

  6. aterrizaje, despegue, maletero

  7. piloto, reservación, agente

  8. vuelo, fiesta, avión

  9. maleta, equipaje, aspirina

  10. emergencia, portafolios, documentos

3-8. La lista de Enrique. Enrique is an intern for an international company and will be flying to Venezuela for the first time. He is very nervous because he has never flown overseas before. Below is his list of steps to take. Fill in the blanks with the word or phrase that best completes Enrique's list.

puerta	mostrador	cinturón de seguridad	reservaciones
asiento	maleta	asistente	boleto
capitán	portafolios	agente	tarjeta de embarque
maletero	control de seguridad		

Llamo al (1) _____ de viajes y obtengo las (2) _____ para salir el lunes. Yo necesito un

(3) _____ de ida y vuelta. Llevo una (4) _____ para mi ropa (*clothes*) y también un

(5) _____ con mis archivos y documentos importantes. Cuando llego al aeropuerto, el

(6) _____ lleva mi maleta a la aerolínea. En el (7) _____ ellos facturan mi equipaje y me

dan (*they give me*) la (8) _____ . Entonces yo paso por el (9) _____ con mi portafolios y

voy a la (10) _____ de salida 8A. En el avión yo tengo un (11) _____ de pasillo. Yo abro-

cho mi (12) _____ . El (13) _____ de vuelo me ofrece una bebida. Y el

(14) _____ habla con los pasajeros.

3-9. ¡Vamos de viaje! A friend is interested in traveling to a Spanish-speaking country. Here is a list of the airline's special prices at this time. Round off the cost to the nearest hundred and tell your friend how much a flight costs.

Modelo: *El viaje a Buenos Aires de Miami cuesta novecientos dólares.*

Ciudad de llegada	Precio	Ciudad de salida
Ixtapa, México	$442	Houston
Bogotá, Colombia	$691	Houston
San Salvador, El Salvador	$507	Houston
Caracas, Venezuela	$602	Miami
Cozumel, México	$469	Chicago
Guadalajara, México	$331	Chicago

1. _____

2. _____

3. _____

4. _____

5. _____

6. _____

3-10. ¿Cómo son? Using a form of the verb **ser** and the correct form of one of the following adjectives, write sentences with the subject provided describing the following people.

soltero	simpático	alto	bajo
paciente	trabajador	rico	ambicioso

1. El empresario tiene mucho dinero.

El empresario. . . _____

2. La secretaria escribe cartas, contesta el teléfono y prepara documentos.

La secretaria. . . _____

3. Uds. siempre necesitan más dinero y más éxito (*success*).

Uds. . . . _____

4. Nosotros no hacemos los trabajos rápidamente.

Nosotros. . . _____

5. Shaquille O'Neal y Michael Jordan juegan al básquetbol.

Shaquille O'Neal y Michael Jordan. . . _____

6. Ángel Cruz trabaja como "jockey" en las carreras (*races*) de caballos.

Ángel Cruz. . . _____

7. Yo no tengo esposo.

Yo. . . _____

8. Tú siempre tienes una sonrisa (*smile*).

Tú. . . _____

3-11. ¿Cómo están?   Using a form of the verb **estar** and the correct form of one of the following adjectives, write sentences with the subjects provided, describing the conditions of the following people and objects.

ocupado	cansado	aburrido	listo
nervioso	cerrado	plegado	roto

1. Nosotros trabajamos de las ocho de la mañana hasta (*until*) las nueve de la noche.

Nosotros. . . _____

2. La computadora no funciona.

La computadora. . . _____

3. Hay un examen hoy.

Los estudiantes. . . _____

4. Las ventanillas del avión no se abren (*open*).

Las ventanillas. . . _____

5. En los despegues y los aterrizajes las mesitas no deben abrirse.

Las mesitas. . . _____

6. Tú preparas muchas cosas para la conferencia.

Tú. . . _____

7. La recepcionista habla por teléfono.

El teléfono. . . _____

8. Los profesores hablan en una voz (*voice*) monótona.

Los estudiantes. . . _____

3-12. Preparaciones para un viaje.   Marisa is helping her boss get ready for a trip. Fill in the blanks with the correctly conjugated form of either **ser** or **estar**.

Me llamo Marisa y yo (1) _____ de Colombia. Pero ahora yo (2) _____ en Nueva York

porque trabajo para una compañía internacional. Mi pasaporte (3) _____ de Colombia porque yo

(4) _____ ciudadana colombiana. Yo (5) _____ inteligente, simpática y muy trabajadora.

Ahora yo (6) _____ muy nerviosa porque mi compañía participa en una exposición de ventas y yo

(7) _____ preparando muchos documentos para mi jefe. La exposición (8) _____ en

Caracas. Mi jefe (9) _____ estadounidense y necesita pasaporte. Él (10) _____ de Boston

pero ahora él (11) _____ en Nueva York en las oficinas. Mi jefe (12) _____ muy ambi-

cioso y ahora (13) _____ listo para salir al aeropuerto. Mi jefe va en taxi porque el aeropuerto

(14) _____ lejos de la oficina. Sus maletas ya (15) _____ en el taxi y van a salir. Yo voy a

tomar un café porque (16) _____ muy cansada de tanto (*so much*) trabajo.

3-13. Vocabulario de viajar.   Circle the word that does not belong in the group.

1. habitación, secar, cuarto

2. molestia, ascensor, elevador

3. toalla, secar, televisión

4. reservación, recepción, toalla

5. botones, cama, maletas

6. discoteca, dormir, cama

7. llave, bajar, habitación

8. secador, cortesía, champú

3-14. Las familias de palabras.   Based on the vocabulary, guess the meaning of the related word.

Vocabulary	Related Word	Meaning
cortesía	cortés	_____
garantizado	garantía	_____
secar, secador	seco	_____
ocupar	ocupación	_____
conexiones	conectar	_____
llave	llavero	_____
reservación	reservar	_____
baño	bañar	_____
lavabo	lavar	_____
masaje	masajista	_____

3-15. Buscamos hotel. Below are pamphlets with descriptions of three hotels. Below the pamphlets are descriptions of three travelers with different needs. Match each traveler to the hotel that best suits his/her needs and give one reason why.

A.

El Hotel del Parque los invita a disfrutar de sus comodidades y sus tarifas económicas. El hotel tiene servicio para el viajero comercial y servicio familiar. El hotel queda cerca de la estación del metro y cerca de uno de los centros comerciales más grandes de Caracas. En las suites familiares hay una pequeña cocina y reloj despertador. También ofrecemos:

*desayuno continental
*control climático individual
*TV por cable
*alquiler de películas
*cancha de tenis
*piscina
*servicio de lavandería
*restaurantes cerca del hotel

C.

El Hotel Colón los invita a pasar su estadía aquí en sus lujosas habitaciones. Si Ud. viene por turismo o por negocios, le podemos ofrecer lo mejor. Además de *(besides)* un amplio Centro de Negocios con todas las facilidades para el negociante, también tenemos actividades recreativas para los gustos más exigentes. Le ofrecemos:

• sauna, masaje
• cancha de tenis, piscina y campo de golf
• peluquería, barbería
• cajas de seguridad
• habitaciones para los no fumadores
• máquinas cardiovasculares
• transporte al/del aeropuerto

B.

El Hotel Los Cabos es un hotel elegante que extiende su hospitalidad a los viajeros de negocios. Está ubicado en el centro financiero y cultural de Caracas. El hotel ofrece Pisos Ejecutivos que incluyen:

*personal multilingüe
*servicios secretariales
*acceso a Internet, fax y fotocopiadora
*40 salones para eventos
*cajas de seguridad
*tarifas corporativas

I. El Dr. Jiménez va a viajar para asistir a una reunión anual de médicos. Va a pasar tres días en reuniones y después tiene dos días para descansar. Prefiere un hotel que incluya deportes y otros lujos. El precio no es importante. ¿Qué hotel prefiere el Dr. Jiménez y por qué?

_____

_____

_____

2. Silvia Lozano es una mujer de negocios. Está preparando una exhibición para muchas compañías internacionales. Necesita un hotel con instalaciones comerciales. Necesita saber si el hotel les ofrece precios especiales a los grupos de compañías. ¿Qué hotel prefiere Silvia y por qué?

_____

_____

_____

3. El Sr. Felini va a viajar a Caracas para hacer negocios. Pero también lleva a su esposa y a sus dos niños. Necesita un hotel que no cueste mucho con habitaciones especiales para familias. Sus niños prefieren ver televisón, películas y nadar. ¿Qué hotel prefiere el Sr. Felini y por qué?

_____

_____

_____

3-16. ¿Qué prefiere Ud.?   List below at least five amenities you find important in a hotel you're using for a business trip and tell why. Don't forget you also need to relax when you're attending conferences, etc.

Modelo: _Necesito un hotel con piscina porque prefiero nadar._

_____

_____

_____

_____

_____

_____

_____

_____

3-17. ¿Adónde van?   Say where the following people need to go to accomplish what they want to do.

Modelo: Miguel desea dormir y está en otra ciudad.
Miguel va al hotel.

1. Yo necesito comer.

Yo. . . _____

2. Uds. prefieren nadar.

Uds. . . . _____

3. Mi ropa está sucia.

Yo. . . _____

4. Necesitamos facturar el equipaje.

Nosotros. . . _____

5. Tú necesitas ir a la puerta de salida para el vuelo.

Tú. . . _____

6. Ud. desea volar a Caracas.

Ud. . . . _____

7. Yo necesito un masaje.

Yo. . . _____

8. Juan desea ver televisión y está de viaje.

Juan. . . _____

3-18. ¿Qué van a hacer?   Tell what the following people are going to do to remedy each situation using the **ir + a** construction.

Modelo: Juan desea hablar con la secretaria.
Juan va a llamar a la secretaria.

1. La secretaria está cansada porque trabaja de las ocho de la mañana hasta las nueve de la noche. _____

2. Yo deseo una bebida. _____

3. Nosotros necesitamos habitaciones de hotel. _____

4. Tú necesitas poner las maletas en el avión. _____

5. Uds. prefieren usar la piscina. _____

6. Los estudiantes están nerviosos porque hay un examen hoy. _____

7. Guillermo desea un sándwich de pollo. _____

8. ¡Nosotros necesitamos dinero! _____

3-19. Las comidas del día.   Fill in the blanks with the words from the word bank that best complete the sentences.

ensalada	jamón	mermelada	té helado	papas
crema	sándwich	helado	bistec	queso

Por la mañana yo como pan tostado con (1) _____ y tomo café con (2) _____ . A las doce como un (3) _____ de (4) _____ y (5) _____ . Con el almuerzo tomo (6) _____ . Para la cena prefiero comer un (7) _____ con puré de (8) _____ y una (9) _____ de lechuga y tomate. De postre me gusta el (10) _____ de chocolate.

3-20. Tengo que preparar una cena.   You have invited business connections to dinner this evening. Make a list of 10 things outlining preparations you are making.

Modelo: *Preparo una ensalada de lechuga, tomate y pepino.*

_____

_____

_____

_____

_____

_____

_____

_____

_____

_____

_____

_____

_____

3-21. La imitación. The new waiter at work copies everything I do. It's driving me crazy! Complete the sentences below to see what I mean.

Modelo: Yo/poner flores en la mesa
Él...
Yo pongo flores en la mesa.
Él pone flores en la mesa.

1. Yo/salir para el trabajo

   Él... _____

2. Yo/hacer preparaciones

   Él... _____

3. Yo/poner la mesa

   Él... _____

4. Yo/traer los cuchillos y tenedores

   Él... _____

5. Yo/oír practicar la orquesta

   Él... _____

6. Yo/dirigir a los clientes a la mesa

   Él... _____

7. Yo/traducir el menú al español

   Él... _____

8. Yo/traer el postre

   Él... _____

9. Yo/preparar la cuenta

   Él... _____

10. Yo/venir a mi casa

    Él... _____

3-22. Saber/Conocer. Fill in the blanks with the correctly conjugated forms of **saber** or **conocer.**

1. Marcos _____ poner la mesa.

2. Yo _____ hacer un masaje.

3. Nosotros _____ al mesero del restaurante.

4. ¿Tú _____ el restaurante La Carreta?

5. ¿Ud. _____ el nombre del hotel?

6. La secretaria _____ dos idiomas.

7. Yo _____ al jefe de Milagros.

8. Uds. _____ a qué hora llega el vuelo.

3-23. ¡A leer! Read the passage and answer the questions that follow.

En diferentes países de habla hispana la comida varía mucho. En Centroamérica hay muchas frutas tropicales que no existen en el cono sur *(southern cone)*. Y en los países que tienen una población indígena muchos platos se basan en el maíz *(corn)*. México tiene la tortilla y Venezuela tiene la arepa. En otros países existen otros tipos de tortilla. La *sopa paraguaya* se hace a base de maíz y no es una *sopa* verdadera. En Centroamérica la gente come mucho arroz con frijoles, como el *gallo pinto* de Costa Rica. El arroz con pollo se encuentra en muchos lugares en formas diferentes. En el cono sur, los países como Argentina, Paraguay y Uruguay producen mucha carne de res. En áreas donde hay linaje italiano comen mucha pasta, y donde hay linaje alemán comen mucha carne de cerdo. Depende de la mezcla *(mixture)* de personas. Esta herencia influye en la comida rápida *(fast food)* de muchos lugares. Por ejemplo, en el McDonald's de Guatemala se come una *McPanada,* su versión de la empanada, un pastel de carne. En el McDonald's de Panamá se toma un batido *(shake)* de guanábana, una fruta tropical. En fin, la comida de los países de habla hispana no se limita a sólo un tipo de comida, sino a una variedad deliciosa. ¡Y no olvidemos la paella valenciana!

1. Give examples of foods unique to the following countries.

    a. Argentina _____   **d.** Paraguay _____

    b. Costa Rica _____   **e.** Guatemala _____

    c. Venezuela _____   **f.** México _____

2. Now list some foods in the United States that are unique to different regions.

_____

_____

_____

_____

3-24. ¡A escribir!   You are ready to make hotel reservations for a business trip. To do so electronically, you must fill out the following information and then click on the **enviar** button.

Reservaciones
Suministre sus datos para hacer la reservación

Su nombre: [   ]

E-mail: [   ]

De dónde viene: [   ]

Hospedaje que prefiere: [   ]

Tel: [   ]

Fecha solicitada: Día: [   ]   Mes: [   ]

Número de noches: [   ]   Número de personas: [   ]

Nombre del/de los viajero(s): [

]

Información que Ud. quiere agregar: [

]

3-25. ¡A buscar!   At the following site you will find many restaurants located in Caracas, Venezuela. Compare and contrast the foods found at the different restaurants. Also note the types of food offered. You will find something for everyone's taste!

www.auyantepui.com/Web/deportes_entretenimiento/gastronomia/guias_gastronomicas/

3-26. Nota cultural

> In contrast to the United States, mealtimes vary greatly in Spanish-speaking countries. Usually a light breakfast of coffee and toast or an egg is eaten. Then mid-morning might find some workers having a pastry and coffee away from the office. Lunch is traditionally taken at home. It is the heaviest meal of the day, comparable to our evening meal. In some countries, businesses close for lunch and the *siesta* that follows! Be prepared to relax in these circumstances because most everything closes from about noon until three. However, many countries do not observe a *siesta* and keep a schedule comparable to that of U.S. businesses. In the evening a light meal is eaten, usually at a much later time than in the U.S. Remember, mealtimes are social occasions and can be very important for the transaction of business.

LECCIÓN 4

El mundo de las ventas

4-1. El auto. Fill in the blanks with the words from the word bank that best complete the sentences.

guantera	sistema de posición global	llantas	volante
capó	sistema de sonido	cinturón de seguridad	las herramientas *(tools)*
bolsa de aire	cajuela *(trunk)*	limpiaparabrisas	el gato *(jack)*

I. Para chequear la batería, necesito abrir el _____ .

2. En un auto hay cuatro _____ .

3. Para guiar el auto, uso el _____ .

4. Encuentro (*I find*) el gato en la _____ .

5. Pongo el registro del auto en la _____ .

6. Escucho mi disco compacto en el _____ .

7. No necesito mapa porque el auto posee un _____ .

8. La _____ me protege cuando hay un accidente.

9. Cuando entro en el auto, siempre me abrocho el _____ .

10. Cuando llueve (*it rains*) necesito usar el _____ .

4-2. Las familias de palabras.   Provide the verbs belonging to the following word groups and then try to determine the meaning of the related word.

Modelo: _____ la revisión   _____
              revisar   *la revisión*   *checkup*

Infinitive	Related Word	Meaning
I. _____	el arranque	_____
2. _____	la garantía	_____
3. _____	la compra	_____
4. _____	la venta	_____
5. _____	el negocio	_____
6. _____	el regateo	_____
7. _____	la promesa	_____
8. _____	la prueba	_____

4-3. Los sinónimos.   Choose a synonym from the word bank for the words that follow.

accidente	equipo	gomas	acumulador
modelo	revisar	transacción	regatear

I. choque   _____

2. batería   _____

3. negociar   _____

4. sistema   _____

5. chequear   _____

6. llantas   _____

7. venta   _____

8. estilo   _____

4-4. ¡Mi hijo compra un carro!   *Lorenzo has just graduated from college and gotten his first big job. He tells his mother that he is going to make his first big purchase, a new car.*

MAMÁ: Mi hijo, ya tienes dinero para comprar un auto nuevo. ¿Qué tipo de auto prefieres?

LORENZO: Prefiero un auto deportivo, descapotable con un motor potente (*powerful*) y transmisión manual.

MAMÁ: ¡Ay, Lorenzo! Tienes que pensar en lo práctico. ¿Por qué no miras un auto más grande con transmisión automática y con más seguridad?

LORENZO: Porque no es interesante, mamá. Prefiero un auto rápido y de color rojo.

MAMÁ: Lorenzo, ya eres un hombre con responsabilidad. Y tienes que viajar por tu trabajo. Un todo terreno es más funcional que un auto deportivo.

LORENZO: Sí, pero las chicas prefieren tener un novio con un auto deportivo. Y con un sistema de sonido fenomenal.

MAMÁ: Es más importante tener un sistema de posición global para tus viajes. Y los autos pequeños no tienen la llanta de repuesto de tamaño (*size*) normal.

LORENZO: Bueno, mamá, aprecio mucho tus consejos. Voy a pensar.

MAMÁ: Y no te olvides, Lorenzo, ¡necesitas un auto con un asiento extra para tu mamá!

Lorenzo and his mother have differing opinions about his needs. Now make a list of the top five considerations you have when buying a car and why.

Modelo: Necesito bolsas de aire en caso de (*in case of*) un accidente.

_____

_____

_____

_____

_____

_____

_____

_____

_____

_____

4–5. Los anuncios clasificados.   Read the three ads that follow and then match the ads to the description of the person best suited to the car advertised.

A.
Coche deportivo de dos puertas; asientos de cuero; techo corredizo (*sunroof*); buen equipo de sonido; color negro; buen plan de pagos con enganche del 10%.

B.
Coche de cuatro puertas con millaje bajo; económico; usado; color verde oscuro; precio negociable.

C.
Carro lujoso con sistema de posición global; cajuela espaciosa; sistema automático de seguridad; sistema computarizado de revisión; control climático.

1. Madre soltera con dos niños de ocho y seis años. Secretaria bilingüe en una ciudad grande; no desea pagar mucho dinero en gasolina. Necesita un auto económico para tres personas. Auto: _____

2. Gerente de ventas de 45 años. Casado con dos adolescentes. Viaja a reuniones regionales de negocios. Va de vacaciones con la familia. Auto: _____

3. Ejecutivo joven de 28 años; soltero; tiene buen salario; tiene novia de 25 años. El dinero no es problema para él. Auto: _____

4-6. Los adjetivos posesivos.   Answer the questions based on the cues given in parentheses, using possessive adjectives.

Modelo: ¿De qué color es el auto de Lorenzo? (verde)
Su auto es verde.

1. ¿Cuántos anillos tiene tu hermana? (tres)

_____

2. ¿Son de buena calidad las llantas de Uds.? (sí)

_____

3. ¿Dónde está el taller del mecánico? (en la calle Juárez)

_____

4. ¿Dónde está mi gato? (en la cajuela) (*be informal*)

_____

5. ¿Usas tu cinturón de seguridad? (sí)

_____

6. ¿Los clientes de Ud. necesitan una garantía? (sí)

_____

7. ¿Cuándo viajan los asistentes del Sr. García? (en junio)

_____

8. ¿A qué hora es mi cita con los clientes? (a las tres)

_____

4-7. Posesión con "de."   Answer the following questions based on the cues given in parentheses, using possession with **de.**

Modelo: ¿De quién es el auto lujoso? (the doctor's)
> *El auto lujoso es del doctor.*

1. ¿De quién es la garantía? (the client's)

_____

2. ¿De quién es la moto? (Juan's)

_____

3. ¿De quién es la bicicleta? (the student's—female)

_____

4. ¿De quién son las gomas? (the mechanic's)

_____

5. ¿De quiénes son los autos nuevos? (the managers')

_____

6. ¿De quiénes son los documentos? (the secretary's)

_____

4-8. Las preferencias.   Read the following four descriptions of people and the type of jewelry they prefer. Then state which type of jewelry and which stone they will want.

Modelo: Ana prefiere llevar joyas en la mano. Le gusta el color claro.
> *Ana prefiere una pulsera de diamantes.*

1. Luisa prefiere llevar joyas en la mano. Prefiere el color rojo.

Luisa prefiere. . . _____

2. María prefiere llevar piezas en el cuello. Le gusta el color verde.

María prefiere. . . _____

3. Marta prefiere llevar joyas en los dedos. Le gusta el color azul.

Marta prefiere. . . _____

4. Patricia prefiere llevar piezas en las orejas. Le gusta el color azul claro (*light*).

Patricia prefiere. . . _____

4-9. Mis joyas preferidas. Using the information from the exercise above, write a short description of each piece of jewelry.

Modelo: *Ana necesita una pulsera de diamantes en oro de 14 quilates.*

1. Luisa _____

2. María _____

3. Marta _____

4. Patricia _____

4-10. Las familias de palabras. In the word groups below, provide the infinitive based on the related word given. Then determine the meaning of the related word based on the infinitive.

Modelo: Infinitive   Related Word   Meaning

_____   el servicio   _____

servir   *el servicio*   *service*

Infinitive	Related Word	Meaning
_____	el entendimiento	_____
_____	la repetición	_____
_____	la preferencia	_____
_____	la inversión	_____
_____	el comienzo	_____
_____	la medida	_____
_____	la recomendación	_____
_____	el almuerzo	_____
_____	la pérdida	_____
_____	la vuelta	_____
_____	la selección	_____
_____	la protección	_____

4-11. Los eventos en la joyería.   Number the following sentences in the order in which you think they logically occurred.

_____ El empleado me explica dos opciones de pago.

_____ Yo pago el enganche.

_____ Entro en la joyería.

_____ Pido el precio.

_____ El gerente de crédito revisa mi historial de crédito.

_____ Elijo unos aretes y una pulsera.

_____ Me llevo los aretes y la pulsera.

_____ El empleado busca el precio.

_____ Miro las joyas.

_____ Decido pagar a plazos.

_____ El gerente de crédito me ofrece un préstamo de tres años.

4-12. Un regalo de cumpleaños.   Fill in the blanks with the correctly conjugated present tense form of the verbs in parentheses.

Mañana es el cumpleaños de mi esposa y yo (1) _____ (querer) ir a la joyería a comprar un regalo

especial. En la calle Main yo (2) _____ (encontrar) una joyería muy elegante. Entro en la tienda y un

asistente (3) _____ (decir) que ellos tienen muchas joyas preciosas perfectas para un regalo especial. El

asistente (4) _____ (comenzar) en la sección de collares. Pero yo (5) _____ (decir) que mi

esposa (6) _____ (preferir) aretes o un anillo. El asistente (7) _____ (pensar) un momento

y él (8) _____ (encontrar) un anillo con un rubí y unos diamantes. Yo (9) _____ (decir)

que yo (10) _____ (preferir) algo del color de los ojos de mi esposa - azul. Yo (11) _____

(seguir) al asistente a otra sección donde él (12) _____ (encontrar) unos aretes con zafiros y dia-

mantes. El (13) _____ (recomendar) los aretes porque tienen zafiros de alta calidad. Y yo

(14) _____ (entender) que yo (15) _____ (invertir) mi dinero en algo especial. Yo

(16) _____ (elegir) los aretes. ¡Qué sorpresa para mi esposa!

4-13. ¡Nosotros no hacemos eso!   One of your coworkers is always boasting about his work. You and a fellow employee respond with what you do or do not do.

Modelo: Yo pido más dinero. Nosotros. . .
Nosotros no pedimos más dinero.

I. Yo prefiero trabajar con los clientes ricos.

Nosotros. . . _____

2. Yo repito la garantía de todos los productos.

Nosotros. . . _____

3. Yo miento sobre el precio de las joyas.

Nosotros. . . _____

4. Yo recomiendo joyas con altos precios.

Nosotros. . . _____

5. Yo vuelvo al trabajo por la noche.

Nosotros. . . _____

6. Yo invierto mi dinero en una cuenta de ahorros.

Nosotros. . . _____

7. Yo comienzo a trabajar a las diez.

Nosotros. . . _____

8. Yo no puedo trabajar los fines de semana.

Nosotros. . . _____

9. Yo no pienso en la satisfacción del cliente.

Nosotros. . . _____

10. Yo duermo en la oficina del jefe.

Nosotros. . . _____

4-14. La ropa.   Circle the word that does not belong with the group.

I. sostén, sandalias, combinación

2. edificio, talla, grande

3. cinturón, suéter, abrigo

4. tirantes, cinturón, zapatos

5. saco, vestido, corbata

6. camisa, blusa, botas

7. saco, calzoncillos, camisetas

8. sudadera, botas, sandalias

4-15. Busque la palabra. Fill in the blanks with the word from the word bank that best completes the sentence.

maniquí	cartera	surtido	camiseta
corbata	sudadera	rompevientos	sandalias

1. Una selección variada de ropa es un _____ .

2. Un modelo en la vidriera *(show window)* de la tienda es un _____ .

3. Para hacer deportes, muchos atletas usan la _____ .

4. En el verano, los zapatos preferidos son las _____ .

5. Las mujeres ponen su dinero en la _____ .

6. Los hombres que llevan traje generalmente llevan una _____ en el cuello.

7. Si hay mucho viento *(wind)* y lluvia *(rain)*, necesitamos un _____ .

8. Debajo de las camisas, muchos hombres llevan una _____ .

4-16. ¿Cuál es más cómodo? Choose one item in each of the following pairs and write a sentence stating which is more comfortable.

Modelo: zapatos para deportes/zapatos de tacón alto
Los zapatos para deportes son más cómodos que los zapatos de tacón alto.

1. la camiseta/la camisa

_____

2. el cinturón/los tirantes

_____

3. los pantalones/el vestido

_____

4. las botas/las sandalias

_____

5. el saco/la sudadera

_____

6. la corbata/el chaleco

_____

7. las pantimedias/los calcetines

_____

8. el abrigo/el suéter

_____

4-17. ¡Necesito ropa!   You are an assistant buyer and are packing to go to New York for the sales expo. You are thinking about fashion, prices, and other things but not about yourself. Make a list of what clothes you need to pack for a three-day trip.

_____

_____

_____

_____

_____

4-18. ¡A leer!   Read the following tips on buying a new vehicle and then tell whether the statements that follow are true or false by placing a **C** (**Cierto**) or **F** (**Falso**) in front of the statement. If the answer is false, provide the correct information.

Antes de comprar un auto, Ud. debe:

- revisar su presupuesto.
- determinar su pago máximo.
- asegurar que su deuda total no es más del cuarenta por ciento de sus ingresos totales.
- determinar sus necesidades y deseos en un vehículo perfecto.
- examinar las ventajas y las desventajas del vehículo que quiere.
- investigar las opciones de financiación.
- comparar las tasas de interés de los préstamos.
- manejar el auto para hacer comparaciones con otros vehículos.
- estudiar el precio del vehículo.
- determinar el precio total del auto, incluyendo la financiación, las garantías, el seguro, las reparaciones y el mantenimiento.

---

1. _____ Debo prestar atención al precio del vehículo.

_____

2. _____ No necesito manejar el auto antes de comprarlo.

_____

3. _____ Puedo estudiar las diferentes formas de financiar el auto antes de comprarlo.

_____

4. _____ No es importante investigar el precio del seguro.

_____

5. _____ Son importantes mis deseos.

_____

6. _____ Mi pago mensual puede ser más del cincuenta por ciento de mi sueldo.

_____

4-19. ¡A escribir!   Based on the reading in 4-18, prepare a list of at least eight statements pertaining to your own "dream" car.

Modelo: *Mi pago máximo es de trescientos cincuenta dólares por mes.*

_____

_____

_____

_____

_____

_____

_____

_____

_____

_____

4-20. ¡A buscar!   The vocabulary used surrounding the sale of automobiles varies in part from country to country. Go to *http://www.carsmexico.com/catalogo/catalogo.asp* and read through the descriptions of the cars offered for sale. Make a list of vocabulary words that you are familiar with and a list of words with which you are not familiar. Look them up and compare.

_____

_____

4-21. Nota cultural.

> In the United States most items are offered for purchase with a fixed price. One area where this is not common is in the auto industry; buying a car requires research because a lot of bargaining goes into the process. In many Spanish-speaking countries stores also offer items at fixed prices. However, there are many things for sale at outdoor markets that require bargaining skills. You might think that the sole aim of such an exchange is to get the best price. Yet that is only one of the objectives, since in many countries bargaining is also considered an art. And once you begin discussing price, it is understood that you will ultimately end up buying the product. Don't start the process unless you want the product.

LECCIÓN 5

Vender es vivir

5-1. Vocabulario   Fill in the blanks with the word from the word bank that best completes the sentence.

cafetera	estufa	aspiradora	refrigerador
lavaplatos	horno	secadora	tostador

1. Mi esposa prepara los vegetales en la _____ .

2. Preparo el pavo para el Día de Acción de Gracias en el _____ .

3. Por la mañana, pongo el pan en el _____ .

4. Pongo agua en la _____ para hacer café.

5. Mantengo fría la comida en el _____ .

6. Limpio los vasos, los platos y los cubiertos en el _____ .

7. Si la ropa está mojada (*wet*), pongo la ropa en la _____ .

8. Limpio la alfombra con la _____ .

5-2. Las familias de palabras. Fill in the blanks with the infinitive related to the word given. Then determine the meaning of the related word.

Modelo:

Infinitive	Related Word	Meaning
_____	los gastos	_____
gastar	*los gastos*	*the expenses*

Infinitive	Related Word	Meaning
_____	la cocina	_____
_____	la limpieza	_____
_____	los ahorros	_____
_____	el lavado	_____
_____	las preparaciones	_____
_____	el revelado	_____
_____	los pagos	_____
_____	la diversión	_____

5-3. Más vocabulario. Circle the word that does not belong with the group.

1. gastos, miembros, pagos

2. terminar, cocinar, preparar

3. estufa, copiadora, microondas

4. monitor, cafetera, licuadora

5. horno, teclado, monitor

6. mercancía, productos, aspiradora

7. oferta, revelado, liquidación

8. copiadora, tostador, fax

5-4. Los mandatos formales.   Give the *yo* form of the infinitive and then provide the formal command for the following verbs.

	Modelo:	*hablar*	*hablo*	*hable*
	Infinitive	**yo form**	**command**	

1. vender _____ _____

2. cocinar _____ _____

3. limpiar _____ _____

4. preparar _____ _____

5. ahorrar _____ _____

6. revelar _____ _____

7. pedir _____ _____

8. venir _____ _____

9. poner _____ _____

10. hacer _____ _____

5-5. ¿Qué hago?   An executive has just received a new computer and needs to write up a quick document. He calls the technology department to walk him through a document setup. The technology help desk gives him the following instructions. Write out the commands given by the help desk.

1. enchufar la máquina y el monitor _____

2. conectar el teclado _____

3. buscar el cable de la impresora _____

4. programar la impresora _____

5. hacer clic en *start* _____

6. encontrar el programa del procesador de palabras _____

7. abrir el programa _____

8. arreglar (*to fix*) los márgenes _____

9. seleccionar el tipo de letra _____

10. empezar el documento _____

5-6. La computadora. Fill in the blanks with the words from the word bank that best complete the sentences.

técnico	monitor	ratón	cable
unidad de CD	módem	teclado	impresora

1. La pantalla *(screen)* es parte del _____ .

2. Para conectar el teclado al CPU, uso el _____

3. Para escribir palabras en el documento, uso el _____

4. Cuando la computadora no funciona, necesito servicio _____

5. Cuando quiero poner el documento en papel, uso la _____

6. Para hacer clic, debo usar el _____

7. Si quiero una conexión con la Red, uso un _____

8. Para grabar música, debo usar la _____

5-7. Más mandatos. Your parents are interested in surfing the Net but have not had much experience with computers. Give them advice by changing the infinitives to the command form.

Modelo: no pagar demasiado *(too much)*
No paguen demasiado.

1. ser pacientes

_____

2. leer la información de los manuales

_____

3. empezar con un programa para conectar con la Red

_____

4. practicar en el tiempo libre

_____

5. no estar nerviosos

_____

6. buscar ayuda

_____

7. ir a sitios interesantes

_____

8. usar las herramientas

_____

5-8. ¡Vamos a resolver los problemas!   The following people have problems and look to you for help. Read their statements and then solve their problems by using the command form of the verbs in parentheses.

Modelo: No sé (*know*) el número de teléfono del técnico. (buscar)
   Busque el número en la guía telefónica.

1. Roberto no entiende las instrucciones. (explicarle)

_____

2. Necesito dos copias del recibo. (copiar)

_____

3. No quiero perder los documentos. (guardar)

_____

4. Julia no tiene el código (*code*). (darle)

_____

5. Quiero hablar con mi amigo a través de la computadora. (escribirle)

_____

6. ¿Qué hago después de terminar el trabajo? (apagar)

_____

7. Mi hijo quiere una computadora nueva. (darle)

_____

8. No quiero pagar todo hoy. (pagar a plazos)

_____

5-9. ¡Necesito una computadora!   Read the following three ads and then the descriptions of the people needing computers. Match the computers from the ads to the descriptions and tell why the computer you chose suits them.

A.
¡Tú necesitas nuestra computadora! ¿Te gusta reproducir tus propios discos compactos? ¿A una velocidad super rápida? ¿Quieres una colección personalizada de música para tu auto, tu cuarto, tu vida? ¿Quieres ver películas en tu cuarto? Entonces, necesitas la computadora ServiComp 8100 con unidad de CDRW/DVD de velocidad 24x. Es rápida y fácil de manejar. Hoy hay una oferta especial de $1.200USD. ¡No te quedes sin música! Compra la ServiComp 8100 ahora.

C.
¡Para los aficionados a la fotografía! Ahora pueden tener una computadora para arreglar y manipular sus fotografías o vídeos digitales. El modelo Fotocomp es suyo por un precio especial. Tiene suficiente memoria para mantener muchas fotos y vídeos. Con esta unidad de vídeo, Ud. puede ser un editor profesional. Y con una pantalla grande (de 17 pulgadas) no hay ningún problema para ver sus proyectos o elaborarlos. Y si compra ahora, le ofrecemos una cámara digital semi-profesional a un precio estupendo. ■

B.
¿Adónde va Ud. en la vida? Adondequiera que vaya, vaya con una computadora portátil. En la casa o en la oficina la Saturno le conviene. La Saturno viene con 256K RAM, unidad de disco duro de 20G y una variedad de programas como procesador de palabras profesional y la hoja de cálculo. Es tan portátil que la puede llevar a una conferencia con su propia presentación de diapositivas cargada en ella. No pierda tiempo. Busque la Saturno ahora.

1. Alejandro Valentín es gerente de mercadotecnia de una empresa en Denver. Viaja mucho a reuniones para hacer presentaciones para clientes especiales. Necesita una computadora con bastante memoria para sus presentaciones que pueda usar en la oficina y en sus viajes.

_____

_____

_____

2. Adela Sensoni tiene dos hijos y es ama de casa. Tiene un pasatiempo que llena su tiempo—el de fotógrafa. Prefiere sacar fotos de sus hijos, pero también le interesa el campo de la naturaleza. Es tan buena ahora que vende sus fotos a revistas. Quiere seguir con su interés y también mejorarse (*to get better*).

_____

_____

_____

3. Miguel Álvarez tiene 16 años y toca guitarra en una banda de rock. Le gusta la música y le gusta tener muchas copias de sus canciones favoritas para su nuevo auto y en su dormitorio. A su banda también le gusta escuchar la música para practicar.

_____

_____

_____

5-10. Las familias de palabras.   Provide the vocabulary word missing and then try to determine the related word's meaning based on your understanding of the vocabulary presented in the lesson.

Modelo:

Vocabulary	Related Word	Meaning
_____	competir	_____
competidor	*competir*	*to compete*

Vocabulary	Related Word	Meaning
_____	la crítica	_____
_____	motivar	_____
_____	consumir	_____
_____	el aval	_____
_____	lanzamiento	_____
_____	endosador	_____
_____	el engaño	_____
_____	anunciar	_____

5-11. La mercadotecnia. Fill in the blanks with a word from the word bank that best completes the sentence.

crea	competidores	lanzamiento	publicidad
éxito	vocero	reporte	campaña

La (1) _____ es una parte de la mercadotecnia. Primero el equipo (2) _____ un producto y prepara el (3) _____ del producto para el público. Para lanzar el producto hay que tener una (4) _____ publicitaria. A veces el equipo busca a una persona o un (5) _____ para representar el producto. También es importante estudiar los (6) _____ para ver las diferencias y las semejanzas (*similarities*) con otros productos. Cuando ya tiene las estadísticas, el equipo escribe un (7) _____ sobre la campaña. El producto va a tener (8) _____ si preparan una buena campaña.

5-12. La publicidad. Read the following passage and then rewrite it changing all affirmative statements to the negative.

En el campo de la mercadotecnia prefiero tener algunos competidores fuertes. Siempre digo cosas negativas de los competidores. También engaño al público. Siempre critico a alguien en los anuncios. Los voceros también pueden hablar mal del producto.

_____

_____

_____

_____

5-13. Los medios de comunicación. Read the following passage and then rewrite it changing all negative statements to the affirmative.

Los reporteros nunca sacan buenas fotografías para los periódicos. Tampoco molestan (*bother*) a los voceros con muchas preguntas. Los publicistas nunca usan el correo directo para hacer anuncios. Y los voceros no hablan por la radio tampoco. Los medios de comunicación no tienen ningún aspecto importante.

_____

_____

_____

_____

5-14. El vocabulario. Circle the word that does not belong in the following groups.

1. tijeras, marca, modelo

2. podio, micrófono, contabilidad

3. sociedad, público, verdad

4. medios, estrategia, plan

5. celebridad, estadísticas, data

6. mercancía, conferencia, productos

7. prensa, televisión, mayoría

8. discurso, gráfico, ilustración

5-15. Más vocabulario.   Fill in the blanks with the word from the word bank that best completes the sentence.

discurso	estadísticas	conferencia	vocero
prensa	gráfico	podio	estrategia

El ejecutivo asiste a una (1) _____ para presentar un (2) _____ . La (3) _____ que tiene es atraer al público con unas (4) _____ exactas del consumo de su producto. Él piensa usar un esquema o un (5) _____ de su información para ilustrar los diferentes sectores de consumidores. Cuando llega al (6) _____ para empezar a hablar, recibe un mensaje. Tiene una emergencia y necesita regresar a casa. Afortunadamente, el ejecutivo está acompañado del (7) _____ , un cantante que representa el producto. Ahora el público presta más atención porque Ricky Martin va a hablar. La (8) _____ saca las grabadoras y cámaras de vídeo para grabar el evento.

5-16. ¡A leer!   Read the following pamphlet and then write four sentences in Spanish summarizing its main points.

Compañía MercadoSeguro

Los servicios de mercadeo y relaciones públicas que ofrecemos son para clientes mayoristas y minoristas. Nuestros clientes pueden obtener el mejor beneficio de inventario a base de nuestras estimaciones de ventas. Nosotros proveemos capacitación para promotores, demostradores, supervisores y personal del cliente y de la tienda. De esta manera ellos pueden exhibir, recomendar y demostrar el producto exactamente como nuestros expertos en mercadotecnia lo planearon con nuestro cliente.

Nuestros talentos más destacados son las promociones necesarias para la penetración de un producto en el mercado. Planeamos, organizamos y llevamos a cabo las promociones.

Preparamos estadísticas de las cifras de la competencia para mantener informados a nuestros clientes. Los informes incluyen volumen de ventas, precio, observaciones sobre las promociones de nuestro cliente y de la competencia.

En nuestros servicios de investigación y análisis reunimos información importante para diseñar una estrategia de mercado y de comunicación. Nuestros clientes aprenden más del mercado y encuentran el lugar ideal para ofrecer su producto.

También ofrecemos eventos para promover el producto. El equipo que participa en esta actividad recibe capacitación relacionada con el evento y capacitación de comunicación. Algunos ejemplos de eventos que planeamos son: exposiciones, convenciones, campañas y promociones.

■ ■ ■

_____

_____

_____

_____

_____

_____

5-17. ¡A escribir! Pick a product or a service and write a summary of steps you will take to market that product in a Spanish-speaking country. Change its name if necessary in Spanish for optimum sales. Be sure to focus on cultural differences that will make marketing the product different in some ways from the way it is marketed in the U.S.

Modelo: Producto–el yogur   Nombre: VitaCal
Escojo ese nombre porque da la idea de salud con vitaminas y calcio.

5-18. ¡A buscar! Buying a digital camera is no easy task in this era of high technology. Not only must you learn about the camera's technology, but also the software that you need on your computer in order to use the camera. Go to the Web site: *http://www.austral.addr.com/camaras_digitales/* and read about the cameras and then be sure to click on *software incluído* to discover the varieties of programs available to manipulate your photos.

5-19. Nota cultural.

Marketing products or services is a complicated task and may require the use of a professional advertising firm. But when marketing outside the United States be careful whom you choose. Knowledge of culture and language is imperative to successfully promote and sell products and services abroad. A time-worn example of poor planning is the Chevy Nova, marketed in Venezuela under its original name. But no one thought of the repercussions of selling a vehicle that "no va," or that "doesn't go." A basic understanding of Hispanic cultures and the Spanish language will go far in helping you achieve success when it comes to public relations.

LECCIÓN 6

Repaso I

Lección 1: Una entrevista

6-1. La solicitud de trabajo. You have received a fax from a potential employee. However, part of the application is faded. Write in the missing words.

Nombre: Ana María _____ : Aguilar _____ : 3 de octubre de 1999

_____ : calle General Oviedo, 734

_____ : 243-8800

_____ : femenino

_____ : casada

_____ : asistente administrativa

_____ : 32 años

6-2. La hora. Marisol has been sick. She has to remember to take her medication at specific times. State the following times and then give what time it will be in 20 minutes when her medication is due.

Modelo: 2:30 P.M.
Son las dos y media
Son las tres menos diez.

1. 3:20 A.M. _____   _____

2. 7:10 P.M. _____   _____

3. 6:45 A.M. _____   _____

4. 1:00 P.M. _____   _____

5. midnight _____   _____

6. 5:55 A.M. _____   _____

6-3. Las características. Describe the following people and things, using the verb **ser** and the adjectives provided.

1. La secretaria/bajo _____

2. El gerente de ventas/inteligente _____

3. Los documentos/complicado _____

4. Las revistas/interesante _____

5. La vocera/bonito _____

6. La recepcionista/paciente _____

7. La computadora/caro _____

8. Nosotros/capaz (*capable*) _____

6-4. Llene el espacio en blanco. Fill in the blanks with words from the word bank that best complete the sentences.

sofá	directora	monitor	estantes
oficina	pluma	candidato	teléfono

1. Una persona que solicita trabajo es el _____ .

2. Cuando hablo con un colega en otra ciudad, uso el _____ .

3. Si no tengo lápiz, escribo con _____

4. Hay muchos libros en los _____

5. En la sala de espera, los clientes se sientan en el _____ cómodo.

6. Para ver el trabajo en la computadora, miro el _____

7. La secretaria trabaja para la _____

8. La secretaria trabaja en una _____

6-5. La entrevista de trabajo. When being interviewed for a job, you should try to anticipate questions you will be asked. Here are some typical job candidate responses. Try to guess the questions asked.

Modelo: Soy de Oklahoma.
¿De dónde es Ud.?

I. Me llamo Héctor Aliño.

_____

2. Puedo empezar el 6 de junio.

_____

3. Ahora, termino mis estudios en la universidad.

_____

4. Espero ganar por lo menos treinta y dos mil al año.

_____

5. Tengo solamente dos referencias.

_____

6. Quiero trabajar aquí porque veo la posibilidad de aprender más.

_____

7. Soy trabajador, creativo y confiable.

_____

8. Ahora vivo en la universidad.

_____

6-6. El significado. Write a sentence stating the meaning of the following words.

Modelo: diploma
El diploma es un certificado.

I. supervisor

_____

2. salario

_____

3. capacitación

_____

4. personal

_____

5. beneficios

_____

6. ser bilingüe

_____

Lección 2: ¡Hay tanto que hacer!

6-7. Empareje.   Match the definitions from column A to the vocabulary words in column B.

Column A

1. un choque de auto
2. tener un problema de salud
3. dinero que Ud. paga y que el seguro no cubre
4. ejemplo de una catástrofe natural
5. cuota mensual pagada por una póliza
6. representante que vende seguros
7. protección que ofrece una póliza
8. donde se vende la medicina
9. papel del médico para pedir las medicinas en la farmacia
10. cuando Ud. paga primero y después la compañía de seguros le paga a Ud.

Column B

_____ **a.** deducible

_____ **b.** receta

_____ **c.** agente

_____ **d.** reembolso

_____ **e.** accidente

_____ **f.** cobertura

_____ **g.** enfermedad

_____ **h.** inundación

_____ **i.** prima

_____ **j.** farmacia

6-8. Una descripción de la oficina.   Create sentences based on the cues given, using the verb **ser.**

Modelo: La señora/rubio
            La señora es rubia.

1. La sala de espera/cómodo

_____

2. Los clientes/inteligente

_____

3. La recepcionista/eficiente

_____

4. El supervisor/alto

_____

5. Los trabajadores/bueno

_____

6. La computadora/nuevo

_____

7. Nosotros/trabajador

_____

8. Uds./importante

_____

6-9. Acción en la oficina. Now describe what is happening in the office by filling in the blanks with the correctly conjugated present tense form of the verbs from the word bank.

| entrevistar | esperar | conectar | contestar |
| instalar | preparar | escuchar | hablar |

Los clientes (1) _____ en la sala. La recepcionista (2) _____ un mensaje telefónico. La directora (3) _____ las preguntas de un cliente. El técnico (4) _____ un programa en la computadora. Otro técnico (5) _____ el cable del teclado a la unidad de CPU. El gerente de recursos humanos (6) _____ a los candidatos de trabajo. El asistente (7) _____ el café mientras yo (8) _____ con mis amigos.

6-10. En la oficina de bienes raíces. Fill in the blanks with the words that best complete the sentences.

| hipotecas | agentes | tasa | impuestos |
| enganche | póliza | dormitorios | préstamo |

En la oficina de bienes raíces hay seis (1) _____ para hablar con los clientes. Un cliente quiere una casa con cuatro (2) _____ porque tiene una familia grande. Otro cliente quiere saber la (3) _____ de interés. Unos clientes ya quieren pedir un (4) _____ para comprar la casa de sus sueños. El agente explica que hay (5) _____ de 15 o 30 años. Otro agente explica que los clientes necesitan una (6) _____ de seguro para proteger la casa contra catástrofes. Y dice que el pago mensual incluye el interés y también los (7) _____ . Los clientes van a pagar un (8) _____ también del 10% del precio total para obtener el préstamo.

6-11. ¿Qué hacen los clientes? You work in a real estate office and it is a busy place. Fill in the blanks with the correctly conjugated present tense form of the verbs in parentheses, showing what actions are taking place on a busy day.

En la oficina de bienes raíces los agentes (1) _____ (correr) mucho por la oficina. Una cliente (2) _____ (recibir) información sobre las hipotecas. La recepcionista (3) _____ (escribir) mensajes para los agentes. Los clientes (4) _____ (leer) y (5) _____ (aprender) mucho de los folletos. La supervisora (6) _____ (insistir) en tener todos los detalles. Yo (7) _____ (creer) que los clientes (8) _____ (deber) insistir en recibir un buen servicio.

6-12. Las condiciones.   Use a **tener** expression to explain the conditions of the following people.

Modelo: Juan lleva un abrigo.
   Juan tiene frío.

1. Nosotros bebemos mucha agua.

   Nosotros. . . _____

2. Yo como siete veces al día.

   Yo. . . _____

3. Juan corre por la oficina.

   Juan. . . _____

4. Los trabajadores prenden el aire acondicionado.

   Los trabajadores. . . _____

5. Tú llevas un suéter y un abrigo.

   Tú. . . _____

6. Marta tiene cinco velas (*candles*) en su torta (*cake*) de cumpleaños.

   Marta. . . _____

7. Uds. necesitan dormir mucho.

   Uds.. . . _____

8. La secretaria siempre contesta las preguntas correctamente.

   La secretaria. . . _____

Lección 3: Tengo que viajar

6-13. Planeando mi viaje.   Here is a list of the steps I take when I go on vacation. Fill in the blanks with a word from the word bank that best completes the sentence.

pasaporte	agente	maleta	control	facturar
reservación	cinturón	tarjeta	ida y vuelta	bolso de mano
asiento de ventanilla				

Primero yo llamo al (1) _____ de viajes para hacer una (2) _____ . Yo quiero un boleto de

(3) _____ a Cancún para el 29 de mayo. Yo también necesito obtener un (4) _____ para

entrar en otro país. Pienso llevar una (5) _____ con mi ropa y un (6) _____ con mis cosas

personales. En el aeropuerto yo busco al representante para (7) _____ mi equipaje. El agente

me da una (8) _____ de embarque y camino hacia la puerta de salida. Primero paso por el

(9) _____ de seguridad. En el avión tengo un (10) _____ . En mi asiento yo abrocho el

(11) _____ de seguridad y empiezo a leer una revista. ¡Éstas van a ser unas vacaciones magníficas!

6-14. ¿Qué está pasando ahora? Use the present progressive tense of the verbs in parentheses to illustrate what is going on at the airport.

Modelo: Yo _____ (pagar) por el pasaje.
Yo estoy pagando por el pasaje.

I. El agente _____ (facturar) el equipaje.

2. Los viajeros _____ (leer) periódicos.

3. Los niños _____ (correr) por el aeropuerto.

4. Nosotros _____ (comer) en el restaurante.

5. Tú _____ (buscar) ayuda.

6. Un hombre _____ (pasar) por el control de seguridad.

7. Yo _____ (observar) a toda la gente.

8. La mesera del restaurante _____ (preparar) café.

6-15. Siempre en el aeropuerto. At the airport you are seated and observing all the activity that goes on. Describe the various people and situations there using the correctly conjugated form of the verbs **ser** or **estar.**

I. Yo _____ observando lo que pasa en el aeropuerto.

2. Unos pasajeros _____ nerviosos porque tienen miedo.

3. Los agentes _____ ocupados porque hay muchos pasajeros que atender.

4. El hombre que pasa por el control de seguridad _____ alto y gordo.

5. Las tres maletas que están cerca de mi mesa _____ de una señora con muchos niños.

6. Las maletas _____ muy grandes y bonitas.

7. La señora _____ baja, rubia y delgada.

8. Los agentes de seguridad _____ en el aeropuerto por si hay problemas.

6-16. Los artículos del hotel. Explain how many of the following articles are on hand at the hotel.

Modelo: 42 keys
cuarenta y dos llaves

I. 84 beds _____

2. 99 towels _____

3. 4 elevators _____

4. 2 swimming pools _____

5. 3 restaurants _____

6. 57 reservations _____

6-17. ¡Yo soy más importante que tú!   You work at a hotel and are having an argument with another employee. He says that he does more than you. State what you do using the following expressions.

Modelo: contestar el teléfono.
   Yo contesto el teléfono.

1. hacer reservaciones _____

2. poner las maletas en las habitaciones _____

3. oír las quejas (*complaints*) de los clientes _____

4. traer toallas extras a las habitaciones _____

5. conocer a los clientes importantes _____

6. saber los nombres de los clientes _____

7. conducir los carros al estacionamiento _____

8. salir tarde por la noche _____

Lección 4: El mundo de las ventas

6-18. ¿Qué necesita Ud.?   The following is a list of possible new car needs and a description of a particular buyer. Based on the description say whether or not that person prefers the item described.

Modelo: una cajuela pequeña/Juan no lleva muchas maletas cuando viaja.
   Juan prefiere una cajuela pequeña.

1. asientos de cuero/Me gusta tener lujos en mi auto.

   Yo. . . _____

2. un techo corredizo (*sunroof*)/Juan quiere ver el sol cuando maneja.

   Juan. . . _____

3. un sistema de posición global/Uds. se pierden con frecuencia cuando viajan.

   Uds.. . . _____

4. bolsas de aire/Nosotros siempre buscamos la seguridad.

   Nosotros. . . _____

5. un coche deportivo/Elsa es vieja y no quiere manejar rápidamente.

   Elsa. . . _____

6. una motocicleta/Tú quieres sentirte libre y manejar rápido.

   Tú. . . _____

7. un auto descapotable/Ellos viven en una ciudad donde llueve mucho.

   Ellos. . . _____

8. una bicicleta/Ramón está en la universidad y necesita ir a clase. No permiten autos.

   Ramón. . . _____

6-19. Los adjetivos posesivos. The police have recovered a large amount of stolen jewelry. The owners have come to claim the jewelry and express whose it is to each other.

Modelo: el collar de diamantes y perlas (*pearls*)/Elsa
¡Es su collar!

1. la pulsera de esmeraldas/ellos _____

2. los anillos de zafiros/tú _____

3. el collar de aguamarinas/yo _____

4. los rubíes sueltos (*loose*)/nosotras _____

5. las pulseras de oro/Ud. _____

6. los aretes de plata/Marina _____

7. el diamante de 2 quilates/yo _____

8. los collares de zafiros/Miguel _____

6-20. Guillermo es diferente. We always do things in a logical fashion, but Guillermo has to be different. Fill in the blanks with the correctly conjugated present tense form of the verbs given to illustrate the point.

1. empezar　Nosotros siempre _____ el día a las ocho, pero Guillermo _____ a las nueve.

2. pedir　　Nosotros _____ un latte en Starbucks, pero Guillermo _____ una mocha.

3. querer　　Nosotros _____ trabajar hasta las cinco, pero Guillermo _____ trabajar hasta las cuatro.

4. almorzar　Nosotros _____ en la oficina, pero Guillermo _____ en la cafetería.

5. perder　　Nosotros no _____ los documentos, pero Guillermo siempre _____ algo.

6. decir　　Nosotros siempre _____ la verdad, pero Guillermo no _____ la verdad.

7. preferir　Nosotros _____ hablar con los clientes, pero Guillermo no _____ hablar con ellos.

8. volver　　Nosotros _____ al trabajo después de una conferencia, pero Guillermo no _____ .

6-21. Haga una lista. As an intern working with the buyer for a department store, you must make a list of items that belong to certain categories in order to start your learning process. Under each heading, list as many items as you can think of that belong to these groups.

Ropa para mujer	Ropa para hombre	Ropa interior de mujer	Ropa interior de hombre	Accesorios
_____	_____	_____	_____	_____
_____	_____	_____	_____	_____
_____	_____	_____	_____	_____
_____	_____	_____	_____	_____
_____	_____	_____	_____	_____

6-22. Empareje. Match the definitions from column A with the words from column B.

Column A

1. pagar con dinero

2. pagar una cantidad fija durante mucho tiempo

3. pagar una cantidad fija durante poco tiempo

4. negocios que venden a las tiendas en gran cantidad por poco dinero

5. tiendas como Macy's o Nordstrom's

6. el costo de transportar mercancía

7. cuando llevan la mercancía a la tienda

8. cuando bajan los precios

Column B

_____ **a.** minoristas

_____ **b.** al contado

_____ **c.** liquidación

_____ **d.** a largo plazo

_____ **e.** la entrega

_____ **f.** mayoristas

_____ **g.** a corto plazo

_____ **h.** el flete

6-23. Describa la ropa. Make comparisons of inequality for the following articles based on the cues given. (use _más. . . que_ or _menos. . . que_)

Modelo: minifalda/maxifalda/corto
**La minifalda es más corta que la maxifalda.**

1. minifaldas/vestidos de noche/elegante _____

2. camisetas/blusas/cómodo _____

3. cinturón/tirantes/común _____

4. trajes/sudaderas/deportivo _____

5. los tacones/las sandalias/alto _____

6. vestidos/pantalones/informal _____

Lección 5: Vender es vivir

6-24. El aparato apropiado. Answer the following questions with the place or item where the following things are done.

Modelo: ¿Dónde lavo los vasos?
**¡En el lavaplatos!**

1. ¿Dónde caliento el pan? _____

2. ¿Dónde preparo los batidos? _____

3. ¿Dónde preparo la sopa? _____

4. ¿Dónde hago una torta? _____

5. ¿Dónde caliento la comida rápidamente? _____

6. ¿Dónde pongo la ropa mojada (_wet_)? _____

7. ¿Dónde limpio la ropa? _____

8. ¿Dónde guardo la leche? _____

6-25. Empareje. Match the definitions from Column A with the words from Column B.

Column A

1. Reproduce los documentos en papel.

2. El sonido sale de estos aparatos.

3. Para escribir, los dedos tocan este aparato.

4. Estos aparatos se usan para conectar una máquina a otra.

5. La pantalla es parte de este aparato.

6. Este aparato se usa para conectar la computadora a la Red.

7. Aquí se guarda toda la información de la computadora.

8. En estos hacen copias de música y otra información.

Column B

_____ **a.** el monitor

_____ **b.** la unidad de CDR

_____ **c.** la impresora

_____ **d.** los cables

_____ **e.** la memoria

_____ **f.** los altavoces

_____ **g.** el módem

_____ **h.** el teclado

6-26. ¿Qué hago? Your colleague has just received a new computer and is relying on you to give him advice. He has not had much experience with technology. Use formal commands to advise him about the do's and don'ts of owning a computer.

Modelo: hablar con el técnico si tiene problemas
Hable con el técnico si tiene problemas.

1. practicar con el teclado _____

2. empezar con el manual _____

3. no pagar demasiado por la impresora _____

4. conducir a la tienda para comprar un cable _____

5. guardar información en los archivos _____

6. salir de un programa cuando termine _____

7. tener paciencia _____

8. buscar información en la Red _____

6-27. ¡Decida! You are a supervisor at an insurance company. A new trainee needs to know whether to come to you or to go to the technicians with certain problems. When he asks you a question, use commands to tell him to come to you in case of an insurance problem or to them in case of a technical problem.

Modelo: ¿A quién le pregunto sobre la cobertura?
Pregúnteme a mí sobre la cobertura.

1. ¿A quién le pido ayuda con el módem? _____

2. ¿A quién le doy información sobre las pólizas? _____

3. ¿A quién le hago preguntas de cotizaciones? _____

4. ¿A quién le traigo el monitor para la reparación? _____

5. ¿A quién le entrego los disquetes? _____

6. ¿A quién le hablo del deducible? _____

6-28. Empareje. Match the definitions from Column A with the words from Column B.

Column A	Column B
1. no decirle la verdad al público	_____ **a.** el vocero
2. el modelo	_____ **b.** una campaña
3. propaganda en el periódico	_____ **c.** engañar
4. la persona que habla a favor del producto	_____ **d.** los medios de comunicación
5. la persona que compra el producto	_____ **e.** anuncios
6. una estrategia completa para lanzar el producto	_____ **f.** estadísticas
7. una colección de datos sobre el producto	_____ **g.** la marca
8. la prensa, la radio, la televisión, el correo directo, etc.	_____ **h.** el consumidor

6-29. ¡Lo contrario! Roberto is very contrary. Whenever you make a statement in the office about work or home, he always says the opposite. A coworker tells you what Roberto does or does not do. Write out your coworker's statement about Roberto based on the statements you make.

Modelo: Yo siempre escribo los números de teléfono en la libreta.
Roberto nunca escribe los números de teléfono en la libreta.

1. Yo pongo algo en el escritorio debajo de las bebidas.

Roberto. . . _____

2. Yo hablo con alguien cuando tengo problemas.

Roberto. . . _____

3. Yo tengo algunos problemas con la fotocopiadora.

Roberto. . . _____

4. Yo siempre hago una encuesta (*survey*) antes de lanzar un producto.

Roberto. . . _____

5. Yo también preparo un reporte.

Roberto. . . _____

6. ¡Yo nunca quiero trabajar con Roberto!

Roberto. . . _____

Las finanzas

7-1. En el banco. Fill in the blanks with the word from the word bank that best completes the following sentences.

cheques	ahorros	cuenta	abrir	tarjeta de crédito
intereses	cheques de viajero	multa	fondos	cajero automático

Hoy voy al banco porque quiero (1) _____ una (2) _____ corriente. Con la cuenta

corriente puedo escribir (3) _____ para pagar las cuentas. También voy a solicitar una

(4) _____ para usar cuando no tengo efectivo o cheques personales. Si escribo un cheque y no hay

suficientes (5) _____ en mi cuenta, el banco me pone una (6) _____ . Con el dinero extra

que tengo quiero abrir una cuenta de (7) _____ porque el dinero gana (8) _____ .

Cuando el banco está cerrado todavía puedo sacar o depositar dinero en el (9) _____ . Resulta muy

práctico. Y si voy a viajar a otro país, en mi banco puedo comprar (10) _____ para tener seguridad en

el viaje. ¡Mi banco ofrece muchos servicios!

7-2. Las familias de palabras. Fill in the blank with the vocabulary word you have learned. Then try to determine the meaning of the related word based on your vocabulary.

Modelo: Vocabulary Word	Related Word	Meaning
_____	el depósito	_____
depositar	*el depósito*	*the deposit*

Vocabulary Word	Related Word	Meaning
_____	saldar	_____
_____	invertir	_____
_____	tasar	_____
_____	caja	_____
_____	retiro	_____
_____	vencer	_____
_____	ahorrar	_____
_____	certificar	_____
_____	transferencia	_____
_____	penalizar	_____

7-3. ¡Ahora mi hijo quiere una tarjeta de crédito! *Remember Jorge and Irene Torres, whose son Ramón just got his driver's license? They were getting a quote on auto insurance to add him to their policy. Now Ramón is going on a class trip and wants his own credit card. They speak with the manager to find out about obtaining a credit card for a 16-year-old.*

GERENTE: Uds. quieren una tarjeta de crédito para su hijo Ramón, ¿verdad?

JORGE: Sí, señor. ¿Ofrecen Uds. tarjetas para gente de esa edad?

GERENTE: Sí, cómo no. Existen tarjetas para los menores de edad a partir de los dieciséis años. ¿Cuántos años tiene Ud.?

RAMÓN: Tengo dieciséis años. Mi cumpleaños fue el 20 de agosto.

GERENTE: ¡Feliz cumpleaños!

JORGE: ¿Y la tarjeta? ¿Cómo funciona?

GERENTE: Bueno, los padres tienen que llenar la solicitud y garantizar la cuenta de Ramón. O Ramón o Ud. tienen que pagar la cuenta mensualmente.

JORGE: ¿Ud. quiere decir que básicamente la tarjeta está a mi nombre y no a nombre de mi hijo?

GERENTE: La tarjeta está a nombre de su hijo, pero su firma en la solicitud hace que Ud. sea responsable si Ramón no puede pagar el saldo.

JORGE: ¿Hay una cuota anual para tener la tarjeta?

GERENTE: No hay ninguna cuota anual.

JORGE: Y si no se paga todo de una vez *(at one time)*, ¿qué pasa?

GERENTE: Hay una tasa de interés del 25% en el saldo restante. Y para los menores la tarjeta empieza con un límite de crédito de quinientos dólares.

RAMÓN: Pero, papá, voy a gastar más de quinientos dólares en el viaje. . .¿Qué hago?

JORGE: Bueno, entonces abrimos una cuenta corriente a tu nombre.

GERENTE: Es posible, pero con la cuenta de menores sólo puede escribir tres cheques por mes.

RAMÓN: ¡No es justo! Como soy adolescente no me dan nada.

Now answer the following questions about the dialogue.

1. ¿Cuál es la edad mínima para conseguir una tarjeta de crédito?

_____

2. ¿Quién tiene que firmar la solicitud además de Ramón?

_____

3. Si Ramón no paga la cuenta, ¿quién la paga?

_____

4. ¿Cuál es la tasa de interés de la tarjeta?

_____

5. ¿Hay una cuota anual?

_____

6. ¿Cuál es el límite de crédito de la tarjeta?

_____

7. ¿Por qué no es conveniente la tarjeta, según Ramón?

_____

8. ¿Por qué no es conveniente una cuenta corriente?

_____

9. ¿Qué consejos tiene Ud. para Ramón y sus padres?

_____

7-4. La tarjeta del cajero/de débito.   An ATM debit card can be very useful. The following is a list of things you can do with this type of card. Use the impersonal **se** expression to illustrate its uses.

Modelo: la tarjeta (basar) en su cuenta corriente
La tarjeta se basa en su cuenta corriente.

I.   (usar) la tarjeta en lugar de efectivo y cheques

_____

2.   (hacer) compras en todos los establecimientos

_____

3.   (solicitar) en su banco

_____

4.   donde no (aceptar) cheques personales, (aceptar) la tarjeta de débito

_____

5.   (usar) como los cheques pero es más rápida y más fácil

_____

6.   (poder) obtener acceso a su cuenta en el cajero automático

_____

7.   (deducir) sus compras de la cuenta corriente

_____

8.   no (cobrar) intereses

_____

9.   (ahorrar) el gasto de imprimir cheques

_____

10.   no (pagar) una tarifa mensual

_____

7-5. ¿Qué se hace en. . .?   Write a sentence using impersonal **se** explaining what is done in the following places.

Modelo: el salón de belleza
Se corta el pelo en el salón de belleza. o En el salón de belleza se corta el pelo.

I.   Blockbuster ―――――――――――――――――――――――――――――――――――

2.   el consultorio del médico ―――――――――――――――――――――――――――――――

3.   la cocina de la casa ―――――――――――――――――――――――――――――――――

4.   State Farm ―――――――――――――――――――――――――――――――――――――

5.   la piscina ――――――――――――――――――――――――――――――――――――――

6. el supermercado _____

7. la gasolinera _____

8. el banco _____

9. una pizzería _____

10. el vuelo número 574 de Delta _____

7-6. Según Ud. Answer the following questions based on your own opinion using the passive voice **se.**

Modelo: Tomar la mejor margarita. ¿En qué restaurante/bar?
   En mi opinión, se toma la mejor margarita en Outback.

1. Fabricar los mejores autos. ¿En qué país?

_____

2. Servir la mejor pizza. ¿En qué restaurante?

_____

3. Ver películas interesantes. ¿Dónde?

_____

4. Pagar mucho por la comida. ¿En qué restaurante?

_____

5. Escuchar la mejor música. ¿En qué club?

_____

6. Comprar ropa deportiva. ¿En qué tienda?

_____

7. Ofrecer los mejores beneficios. ¿Con qué tarjeta de crédito?

_____

8. Viajar más cómodamente. ¿En qué aerolínea?

_____

9. Pedir la mejor ropa. ¿De qué catálogo?

_____

10. Abrir una cuenta de ahorros que gana mucho interés. ¿En qué banco?

_____

7-7. A la voz pasiva.   Change the following sentences from the active voice to the passive voice with **se.**

Modelo: Importamos autos japoneses.
Se importan autos japoneses.

1. La compañía exige referencias.

_____

2. Necesita trabajadores emprendedores *(enterprising)*.

_____

3. Paga un sueldo excelente.

_____

4. Ofrece un buen plan de salud.

_____

5. En el banco yo encuentro una amplia gama *(range)* de cuentas y préstamos.

_____

6. Ud. no recupera el dinero si la cuenta no está garantizada.

_____

7. Necesitamos dos asistentes bilingües en la oficina.

_____

8. Incluimos la propina en la cuenta.

_____

7-8. Comprar y vender.   Fill in the blanks with the word from the word bank that best completes the sentence.

acciones	fondos	fracaso	corredores
bolsa	bancarrota	cartera	invertir

En la (1) _____ de valores hay (2) _____ que reciben sus instrucciones para comprar y

vender (3) _____ . Es una manera de (4) _____ su dinero. En su cuenta corriente necesita

tener suficientes (5) _____ para poder comprar. Cuando Ud. no tiene éxito en la Bolsa, se le consid-

era un (6) _____ y si pierde todo su dinero tiene que declarar la (7) _____ . Pero si com-

pra muchas buenas acciones y gana mucho dinero, puede tener una (8) _____ diversa con

inversiones variadas.

7-9. Las familias de palabras. Fill in the blanks with the vocabulary words you know based on the related words and then try to determine the meaning of the related word.

Modelo:

Vocabulary	Related Word	Meaning
_____	inversión	_____
invertir	*inversión*	*investment*

Vocabulary	Related Word	Meaning
_____	corretaje	_____
_____	fracasar	_____
_____	accionista	_____
_____	riesgo	_____
_____	herencia	_____
_____	inicio	_____
_____	cotizar	_____

7-10. Los grupos de palabras. Circle the word in the group that does not belong.

1. heredar, recibir, cotizar

2. arriesgar, ejecutar, iniciar

3. mercado, dinero, bolsa

4. acumular, ganar, vender

5. fracaso, cartera, portafolio

6. bancarrota, ganancia, pérdida

7. plan, presupuesto, venta

8. terminar, iniciar, empezar

7-11. ¿Debe o no debe? Read the following descriptions of people and decide whether they should buy stock (**A=acciones**), open a savings account (**C=cuenta**) or do nothing (**N=nada**) with their money.

1. _____ Leonora Quiroga es secretaria. Gana un sueldo bajo pero ahorra un poco de dinero cada mes. Paga sus cuentas pero no tiene dinero extra en caso de emergencia. No le gusta apostar (to *gamble*), pero tampoco es superconservadora.

2. _____ Martín Alonso es ejecutivo. Gana un salario bueno y tiene un buen plan de jubilación. Tiene familia, una casa grande y varias cuentas en su banco. No tiene miedo del riesgo.

3. _____ Marta Valdéz trabaja en una fábrica. Es soltera con dos hijos. No gana mucho dinero. A veces necesita la ayuda de la familia para pagar las cuentas. Piensa conseguir otro trabajo de noche.

7-12. Seguir los pasos.   Write out the steps you take to do the following things. Use the impersonal **se** to express each step that is taken. Try to be as detailed as possible and use as many different verbs as possible.

Modelo: para sacar dinero de la cuenta
Primero se va al banco.
Se pone la fecha en la boleta de depósito.
Se escribe la cantidad de dinero para sacar.
Se anota el número de cuenta.
Se firma.

1. para depositar dinero en una cuenta de ahorros

_____

_____

_____

2. para cobrar un cheque

_____

_____

_____

3. para poner documentos en la caja de seguridad

_____

_____

_____

4. para comprar acciones de IBM

_____

_____

_____

5. para pedir un préstamo

_____

_____

_____

7-13. ¿Cómo se paga? What do you usually use to pay for the following items or services? There may be more than one answer for some items. Choose from the following list.

en efectivo	con tarjeta de crédito	con un cheque personal
con tarjeta ATM/débito	con un préstamo	

 1. dejarle una propina al mesero _____

 2. sacar efectivo de la cuenta _____

 3. comprar un vehículo _____

 4. comprar acciones _____

 5. comprar ropa _____

 6. depositar el sueldo _____

 7. comprar comida del supermercado _____

 8. conseguir gasolina _____

 9. pagarle a la niñera _____

 10. darle dinero a los niños semanalmente _____

7-14. ¿Cuál es el sustantivo? Based on the meaning of the following vocabulary, provide the noun form derived from each verb.

 1. invertir _____

 2. gastar _____

 3. retirar _____

 4. arriesgar _____

 5. recibir _____

 6. saldar _____

 7. depositar _____

 8. endeudar _____

 9. pagar _____

 10. ahorrar _____

7-15. Ud. es muy lento. You are planning to do the following things, but others have just finished doing them for you. Write out the sentences using **acabar + de** and the new subject.

Modelo: Yo pienso invertir el dinero. (mi esposa)
Mi esposa acaba de invertir el dinero.

1. Pienso vender las acciones. (el corredor)

_____

2. Pienso abrir una cuenta de ahorros. (mi hijo)

_____

3. Pienso pagar todas las cuentas. (el contador)

_____

4. Pienso viajar a París. (nosotros)

_____

5. Pienso poner los documentos en la caja de seguridad. (la cajera)

_____

6. Pienso comprar acciones de Microsoft. (tú)

_____

7. Pienso invertir dinero en la Bolsa de valores. (los empleados)

_____

8. Pienso instalar una alarma en la casa. (mi vecino)

_____

7-16. ¿Cuándo pasó?   Tell when the following things happened based on the dates below. Use the following for your responses.

hace...	ayer	anteayer	la semana pasada	anoche

Modelo: Hoy es el quince de abril. (el ocho de abril)
              la semana pasada

1. Hoy es el dos de agosto de 2002. (el dos de julio de 2002) —————————————

2. Hoy es el cinco de mayo. (el cuatro de mayo) ————————————————————

3. Hoy es el cuatro de julio de 2002. (el cuatro de julio de 2000) ————————

4. Hoy es el treinta de octubre. (el veinte de octubre) ——————————————

5. Hoy es el nueve de junio. (el siete de junio) ——————————————————

6. Hoy es el ocho de mayo. (el siete de mayo a las once de la noche) ——————

7. Hoy es el treinta de enero. (el diez de enero) —————————————————

8. Hoy es el primero de abril de 2000. (el primero de abril de 1995) —————————

7-17. El vocabulario de los impuestos.   Fill in the blanks with the word from the word bank that best completes the sentence.

tributable	reembolso	extensión	federales
retenido	ingresos	el W-2	planilla

1. El dinero que se deduce del sueldo es el dinero _____ .

2. Los impuestos del gobierno nacional son los impuestos _____

3. El formulario que se usa para declarar los impuestos es la _____

4. Al final del año una persona recibe _____ que explica el sueldo, los impuestos y otras deducciones.

5. En la declaración de impuestos, el sueldo _____ es el sueldo bruto menos deducciones, impuestos retenidos y otras deducciones.

6. Si una persona paga más impuestos de los que debe pagar, el gobierno le da un _____

7. El dinero que una persona gana durante el año que incluye el sueldo y otras ganancias son los _____

8. Si la persona necesita más tiempo para presentar la planilla al IRS, puede recibir una _____

7-18. ¿A quién le gusta. . .? Below is a list of people and two things from which to choose. Pick one that the person likes best and write a sentence using gustar.

Modelo: las computadoras/los teléfonos/Alexander Graham Bell
A Bell le gustan los teléfonos.

1. la política/el ballet/el presidente

_____

2. ganar intereses/pagar impuestos/yo

_____

3. pagar una multa/recibir un reembolso/Uds.

_____

4. la información completa/datos irregulares/el contador

_____

5. empezar temprano/empezar tarde/la oficina de correos

_____

6. un fondo mutuo/acciones de una buena compañía/Donald Trump

_____

7. arriesgar el dinero/ahorrar el dinero/una persona conservadora

_____

8. una tarjeta de crédito/una tarjeta de ATM/débito/tú

_____

9. pagar en efectivo/pagar con tarjeta/Ud.

_____

10. un sueldo alto/un sueldo bajo con prestaciones/un estudiante universitario

_____

7-19. En la oficina del contador. Fill in the blanks with the word from the word bank that best completes the sentence.

libro mayor	pasivos	cuentas por cobrar	caja chica
hoja de balance	activos	contabilidad	liquidez

1. Una declaración financiera que muestra los activos menos los pasivos es la _____

2. Una cuenta en la que hay efectivo para comprar o reembolsar gastos es una _____

3. El _____ es donde se anotan todas las cuentas generales de una organización.

4. Las deudas de una compañía o los préstamos y gastos que tiene que pagar son los _____

5. El flujo de efectivo de una compañía es la _____

6. Las cantidades que se deben a una empresa por bienes y servicios son las _____

7. Todos los bienes de una empresa como la propiedad, el efectivo y el dinero en cuentas son los

_____

8. La contaduría es otra palabra para expresar la _____

7-20. Saldo bancario. The following people have different balances in their savings accounts. Write out the amounts.

Modelo: Armando/$1.345
   Armando tiene mil trescientos cuarenta y cinco dólares.

1. Juanita/$372.986 _____

2. Manuel/$57.00 _____

3. Luisa/$127.834 _____

4. Juan/$36.000 _____

5. Eleonora/$792 _____

6. Jorge/$2.189 _____

7. Gabriela/$75 _____

8. Pedro/$500.000 _____

7-21. ¿Cuánto cuesta(n). . .?   State the cost of the following items according to the model.

Modelo: la licuadora/$32
La licuadora cuesta treinta y dos dólares.

1. el auto nuevo/$32.792 _____

2. los discos compactos/$42 _____

3. una computadora portátil/$1.700 _____

4. un teléfono celular/$53 _____

5. una impresora/$89 _____

6. cuatro llantas nuevas/$240 _____

7. un portafolios de cuero/$263 _____

8. altavoces nuevos/$96 _____

7-22. Y en el primer puesto. . . The following is a list of countries and an approximate number of their Spanish-speaking population. Rank the countries from most to least following the model. Please note that not all countries are represented.

Modelo: *segundo*   España

_____ España	39.500.000		_____ Estados Unidos	22.500.000
_____ México	80.000.000		_____ Guatemala	9.200.000
_____ Honduras	4.500.000		_____ Uruguay	3.150.000
_____ Venezuela	18.000.000		_____ Colombia	33.600.000
_____ Panamá	2.100.000		_____ Chile	13.600.000

7-23. ¡A leer!   Read the following ad from the Yellow Pages and answer the questions that follow.

Contador Público Certificado
Salvador José Reynoso
Notario Público

Se ofrece: * contabilidad
* preparación de impuestos
* planificación financiera individual,
    corporativa e internacional
* auditorías
* testigo experto en procesos legales

Experiencia: * seis años como CPA
* tres años como auditor interno a nivel
    internacional

Teléfono: (214) 281-3571   **Oficinas:** Dallas, Tejas
    Fax: (214) 281-3555   México, D.F.
    Celular: (214) 555-1545

---

1. ¿Dónde tiene oficinas el Sr. Reynoso?

_____

2. ¿Qué servicios ofrece el Sr. Reynoso?

_____

3. ¿Cuántos años de experiencia tiene el Sr. Reynoso?

_____

4. ¿Cómo puede comunicarse con el Sr. Reynoso?

_____

7-24. ¡A escribir!   You are a customer service representative at a university bank branch. Prepare a letter to send to the families of incoming freshmen outlining what your bank has to offer. Mention different types of accounts, interest rates, long-term and short-term loans, credit cards, ATM/debit cards, etc.

_____

_____

_____

_____

_____

7-25. ¡A buscar!   Wonder what it's like to play the stock market? If you'd like to try your hand at it and not lose any money in trying, there is a Web site you can use to buy stocks in movies. The Web site is *www.virtuali.com/cine/* and it takes you through the process of buying stocks with *fanimanis* or funny money. So without spending a dime you can learn by doing. There are brokers available to assist you.

7-26. Nota cultural.

Benjamin Franklin said, "In this world, nothing is certain but death and taxes." And I think Americans are as resigned to paying taxes as to, well, you know, the other certainty. In other words, we accept income taxes as a duty. However, you might find a different attitude in many Spanish-speaking countries. Many Hispanic governments collect more on property taxes and tariffs on customs than on federal income tax.

LECCIÓN 8

La industria y la producción

8-1. En la planta. Fill in the blank with the word from the word bank that best completes the sentence.

turnos	casco	uniforme	centro de capacitación
clínica	gimnasio	armarios	lentes de seguridad

I. Un sombrero que se usa para la protección es un _____ .

2. El lugar de la compañía donde los empleados toman clases es el _____ .

3. Ofrecen cuidado médico en la _____

4. Los empleados guardan la ropa en los _____

5. La ropa de trabajo que llevan todos los empleados es un _____

6. Para proteger los ojos los empleados usan _____

7. Cuando los empleados tienen diferentes horarios para trabajar 24 horas al día, trabajan en _____

8. Para hacer ejercicios y practicar deportes los empleados van al _____

8-2. Los sustantivos. Give the noun form based on the following verbs. Then provide the meaning of the nouns.

Modelo:

Verb	Noun	Meaning
vestirse	*el vestido*	*dress*

Verb	Noun	Meaning
ducharse	_____	_____
descansar	_____	_____
peinarse	_____	_____
fabricar	_____	_____
procesar	_____	_____
alcanzar	_____	_____
lavarse	_____	_____
producir	_____	_____
administrar	_____	_____
cambiarse	_____	_____

8-3. Mi día. Cecilia follows a daily routine at her job at the plant. Here is an excerpt from her diary in which she details that routine. Use the words from the word bank to complete the sentences.

capacitación	vestidor	telenovela	cafetería	armario
accidentes	sala	redecilla	cuota	lentes de seguridad

Cuando llego a la planta voy al (1) _____ para ponerme el uniforme. Me pongo el uniforme y guardo mi ropa en el (2) _____ . También me pongo una (3) _____ porque los supervisores no quieren ver mi pelo en la comida. Necesito usar (4) _____ porque trabajo con maquinaria y tengo que protegerme los ojos. Me dan un descanso a las diez y voy a la (5) _____ de descanso para ver televisión y tomar un refresco. Vuelvo a trabajar hasta las doce, que es cuando almuerzo en la (6) _____ . Los supervisores me dicen que tengo que hacer una cantidad mínima de trabajo que es la (7) _____ de producción. Por la tarde, en vez de descanar voy al centro de (8) _____ para tomar clases. Necesito aprender a usar nuevas máquinas en la clase. Antes de salir, leo los informes de seguridad para los empleados. Hablan mucho de evitar (9) _____ manteniendo una buena seguridad. Por fin llego a la casa y me siento en mi sillón para ver una (10) _____ en la televisión.

8-4. El significado. Provide a definition or synonym for the following words or expressions.

Modelo: casco

Un casco es un sombrero duro para proteger la cabeza.

1. el complejo

_____

2. el vestidor

_____

3. el gimnasio

_____

4. las técnicas

_____

5. el turno

_____

6. la gerencia

_____

7. el supervisor

_____

8. la capacitación

_____

8-5. Los verbs reflexivos. Cecilia's husband, Marco, will now have a different daily routine since his wife is employed full time. Complete the descriptions of Marco's daily routine by filling in the blanks with the correctly conjugated form of the verbs in parentheses. Note: Not all of Marco's activities will be reflexive.

Marco (1) _____ (despertarse) a las seis y media para tomar un café. Después Marco

(2) _____ (bañarse) y cuando sale del baño él y Cecilia (3) _____ (bañar) al bebé.

Entonces Marco (4) _____ (afeitarse—*to shave*) y (5) _____ (peinarse). Cuando Marco

termina, va a su habitación y (6) _____ (vestirse) rápidamente. Prefiere llegar temprano al trabajo y si

llega tarde (7) _____ (enojarse). Marco y Cecilia (8) _____ (preocuparse) por el bebé

cuando está en la guardería. Cuando llega al trabajo Marco (9) _____ (ponerse) lentes de seguridad

para trabajar con la maquinaria. Al final del día Marco y Cecilia (10) _____ (sentarse) a ver televisión

y a veces (11) _____ (dormirse) en el sofá. A las ocho de la noche ellos (12) _____

(acostar) al bebé y van a su habitación donde ellos (13) _____ (desvestirse), (14) _____

(ponerse) los pijamas y (15) _____ (acostarse).

8-6. El contrario. Fernando, a coworker, is very egotistical. He is on your team and always likes to emphasize that what he does is what everyone should do. Two of you respond to Fernando, always telling that you do the opposite of what he does.

Modelo:
FERNANDO: Yo siempre me despierto muy tarde.

UDS.: *Nosotros nos despertamos muy temprano.*

1. Yo me visto con ropa elegante.

_____

2. Yo nunca me enojo.

_____

3. Yo no me duermo en el trabajo.

_____

4. Yo me levanto cuando suena la alarma.

_____

5. Yo nunca me enojo con mis amigos.

_____

6. Yo me llevo bien con todo el mundo.

_____

7. Yo me pongo nervioso cuando hay examen.

_____

8. Yo me siento en el sofá en la sala de descanso para tomar un refresco.

_____

9. Yo siempre me siento bien por la mañana.

_____

10. Yo me peino antes de salir para el trabajo.

_____

8-7. Un día en la vida de Cecilia. The following is a series of events that form part of Cecilia's daily routine. For each drawing write a sentence describing what is happening.

Modelo:

1. *Cecilia se viste con el uniforme.*

2.

3.

4.

5.

6.

7.

8.

2. _____

3. _____

4. _____

5. _____

6. _____

7. _____

8. _____

8-8. ¿Reflexivo o no reflexivo? What we describe as reflexive verbs may sometimes be used without the reflexive pronoun. Fill in the blanks with the correctly conjugated form of the verbs in the margins, using them with or without the reflexive pronouns.

Modelo: bañar(se)   Julia _____ todas las noches con Dial. *se baña*

Julia ——————— al bebé todos los días. *baña*

1. despertar(se)   Mi madre _____ a las seis y media de la mañana.

Mi madre me _____ a las siete de la mañana.

2. levantar(se)   Tú _____ pesas (*weights*) en el gimnasio.

Tú _____ a las siete de la mañana.

3. vestir(se)   Uds. _____ de uniforme en diez minutos.

Uds. _____ al bebé antes de llevarlo a la guardería.

4. dormir(se)   Yo _____ ocho horas por la noche.

Yo _____ a las once de la noche.

5. cuidar(se)   En la guardería, la chica _____ al bebé durante el día.

La chica _____ bien porque hace ejercicios y toma vitaminas.

6. poner(se)   Nosotros _____ los uniformes antes de trabajar.

Nosotros _____ la ropa en los armarios.

8-9. Mi rutina. Now write a list of at least ten sentences outlining your daily routine. Use at least six reflexive verbs. The remainder may be reflexive or not.

_____

_____

_____

_____

_____

_____

_____

_____

_____

_____

8-10. La fábrica.   Circle the word that does not belong with the group.

1. fábrica, complejo, apoyo

2. redecilla, ayuda, apoyo

3. pelearse, aumento, furioso

4. protección, equipo, grupo

5. huelga, bienestar, paro

6. prueba, examen, oficina

7. ejecutivo, gerente, mano de obra

8. aumento, unión, sindicato

8-11. En la fábrica.   Fill in the blanks with the word from the word bank that best completes the sentence.

bienestar	mano de obra	huelga	aumento
equipo	prueba	fábrica	sindicato

1. Los trabajadores de la fábrica representan la _____ .

2. Cuando los empleados trabajan juntos por una meta común forman un _____ .

3. Una organización de empleados que protege los derechos de sus miembros es un _____ .

4. El _____ de los empleados es importante para el éxito de una empresa.

5. Cuandose recibe un _____ de salario se gana más dinero.

6. La planta donde se hacen productos es la _____ .

7. Cuando los trabajadores y la gerencia no pueden ponerse de acuerdo, a veces hay una _____ hasta que se solucione el problema.

8. Un período de tiempo para ver si un empleado trabaja bien o no es un período de _____ .

8-12. Los sustantivos.   The following is a list of verbs from your vocabulary. Fill in the noun form derived from the verb and then determine its meaning.

Modelo: fabricar   *la fábrica*   *the factory*

Verb	Noun	Meaning
aumentar	_____	_____
pelear	_____	_____
gritar	_____	_____
apoyar	_____	_____
enojarse	_____	_____
probar	_____	_____
solucionar	_____	_____
organizarse	_____	_____

8-13. Acciones recíprocas.   Using the descriptions of the people that follow, write a sentence describing a reciprocal action or feeling pertaining to them.

Modelo: los Hatfield/los McCoy
Se odian.

1. Brad Pitt/Jennifer Aniston _____

2. los boxeadores _____

3. las mejores amigas _____

4. los trabajadores de la misma compañía _____

5. Roseanne/Tom Arnold _____

6. los ejecutivos todos los lunes _____

8-14. ¿Qué hacen?   Using the following verbs and people, write sentences describing reciprocal actions.

Modelo: los rivales/respetarse
Los rivales se respetan.

1. los trabajadores/gritarse _____

2. los supervisores/apoyarse _____

3. los miembros del sindicato/cuidarse _____

4. mi supervisor y yo/consultarse todos los días _____

5. mis colegas y yo/comunicarse bien _____

6. los amigos/escribirse _____

8-15. Los sustantivos.   The following is a list of verbs from your vocabulary. Fill in the noun form derived from the verb and then determine its meaning.

Modelo: combinar   *la combinación*   *the combination*

Verb	Noun	Meaning
capacitar	_____	_____
retener	_____	_____
predecir	_____	_____
innovar	_____	_____
conocer	_____	_____
establecer	_____	_____
influencia	_____	_____
imaginar	_____	_____

8-16. Los empresarios. Some entrepreneur friends have just bought a fast-food franchise and are preparing to train the personnel they have hired. Fill in the blanks with the word from the word bank that best completes the sentence.

nutracéuticas (*natural products*)	cadena	capacitar	retener
recetas	saber	ingredientes	predecir

Una franquicia es una (1) _____ de restaurantes. En todos los restaurantes, los clientes saben qué tipo de comida pueden encontrar. Por eso, les vamos a dar unas (2) _____ que explican cómo preparar la comida de esta franquicia. La comida tiene (3) _____ especiales que tienen un sabor especial. Uds. van a aprender a preparar la comida porque el chef ejecutivo los va a (4) _____ en cuanto a los platos especiales. Cuando Uds. terminen las clases, van a (5) _____ cocinar platos individuales de buen gusto. Los consejeros de la empresa de mercadotecnia pueden (6) _____ las tendencias del mercado por las estadísticas. Y ellos sugieren la preparación de comidas (7) _____ porque son muy populares. Tenemos mucho interés en (8) _____ a los empleados. Por eso, ofrecemos beneficios excelentes como estos.

8-17. ¿Qué sabe Ud.? What do you know about franchise fast food? Fill in the blanks with the correctly conjugated form of **saber.**

Yo (1) _____ preparar comida de casa pero el chef ejecutivo (2) _____ preparar comidas muy especiales. Los gerentes (3) _____ que tienen que ofrecer beneficios para retener a los empleados. Y los empleados (4) _____ que deben trabajar bien para recibir un aumento de sueldo. Nosotros (5) _____ la clase de comida que tiene una franquicia de restaurantes. Y Uds. (6) _____ que un estudio del mercado puede predecir tendencias. ¿(7) _____ tú si el cocinero (8) _____ preparar bien la comida?

8-18. ¿A quién conoce Ud.? It's not what you know but who you know that sometimes gets you ahead. Fill in the blanks with the correctly conjugated form of **conocer.**

Yo (1) _____ al dueño de un restaurante. El dueño (2) _____ a una persona capacitada para ser gerente de su restaurante. El gerente (3) _____ a unas personas emprendedoras que quieren trabajar en la franquicia. ¿(4) _____ Uds. a otras personas que quieren trabajar allí? Yo no (5) _____ a nadie. Pero yo (6) _____ a mucha gente que quiere comer allí. ¿(7) _____ tú a Juan? Él es cocinero. Juan y yo (8) _____ al chef ejecutivo y él le va a dar un trabajo a Juan. Nosotros no (9) _____ a los otros empleados.

8-19. ¿Saber o conocer? Fill in the blanks with the correct form of either **saber** or **conocer.**

1. El chef ejecutivo _____ a Julia Child.

2. Yo _____ que la franquicia es popular entre la gente.

3. ¿_____ Uds. al dueño de la franquicia?

4. Nosotros _____ que el dueño viene de Nueva York.

5. Los empleados _____ que van a recibir buenos beneficios.

6. El supervisor y yo _____ al trabajador más emprendedor.

7. Yo _____ a la familia del chef.

8. Los cocineros _____ las recetas de los platos especiales.

8-20. ¿Cómo se cosecha el algodón (*cotton*)? The following is a list of steps to take in order to grow cotton. But they are not in proper order. Put them in the order you think they need to be in order to get a good crop.

_____ Riegan después de sembrar.

_____ Ponen las semillas en la tierra.

_____ Después de quitar la mala hierba *(weeds)* usan la irrigación cuando no hay lluvia.

_____ Preparan la tierra con el tractor.

_____ Abonan la tierra antes de sembrar.

_____ Quitan la mala hierba.

_____ Cosechan el algodón.

8-21. El complemento directo. In the following sentences fill in the blanks with the correct direct object pronoun.

Modelo: ¿Las semillas? Ellos _____ van a sembrar ahora.
        Ellos las van a sembrar ahora.

1. ¿La franquicia? El Sr. Martinez _____ va a comprar.

2. ¿El abono? Ellos _____ van a comprar.

3. ¿Las plantas? Yo _____ voy a regar hoy.

4. ¿La lluvia? Los agricultores _____ necesitan pronto.

5. ¿Los insectos? Nosotros _____ usamos para polinizar (*pollinate*) las plantas.

6. ¿El tractor? Miguel _____ usa para preparar la tierra.

7. ¿Los pesticidas? No me gusta usar _____ mucho.

8. ¿La finca? Vamos a visitar _____ mañana.

8-22. ¿Qué hago?   If you want to be a good farmer there are ways to go about it. A young farmer asks an experienced farmer the following questions. Write out the command forms the farmer gives in response in both the negative and the affirmative.

Modelo: ¿Preparo la tierra con el tractor?
Sí, prepárela. No, no la prepare.

1. ¿Leo el almanaque? _____

2. ¿Abono la tierra? _____

3. ¿Recojo las frutas de los árboles ahora? _____

4. ¿Empaquetamos los productos hoy? _____

5. ¿Riego las plantas con frecuencia? _____

6. ¿Esperamos la lluvia? _____

7. ¿Protegemos las semillas contra los pájaros (*birds*)? _____

8. ¿Pongo el tractor cerca de la finca? _____

8-23. ¿Qué me puede decir de la finca?   Now answer the following questions the young farmer poses to the experienced farmer, using direct object pronouns.

Modelo: ¿Siembro las semillas en la tierra?
Sí, las siembra en la tierra. o Siémbrelas en la tierra.

1. ¿Preparan Uds. la tierra con el tractor? _____

2. ¿Pone Ud. abono en los campos? _____

3. ¿Necesitan los agricultores la lluvia? _____

4. ¿Recomienda las plantas más fuertes? _____

5. ¿Detestan Uds. las plagas? _____

6. ¿Tiene Ud. una copia del almanaque? _____

7. ¿Nos invitan Uds. a la reunión de trabajadores? _____

8. ¿Ven los otros agricultores el pronóstico? _____

8-24. ¡A leer!   Read the following passage about Mexican maquiladoras and answer the questions that follow.

La industria maquiladora es una manera en que muchas compañías extranjeras reducen sus costos laborales trasladando sus fábricas a México. El gobierno mexicano empezó unos programas que permiten la importación temporal y sin tarifas de componentes, materiales y maquinaria para ensamblar o reparar bienes. La maquiladora es una compañía que tiene un programa de maquila con la aprobación de la Secretaría de Comercio y Fomento Industrial o SECOFI. Generalmente estas operaciones funcionan en dos partes, con una porción del proceso en México y la otra parte en Estados Unidos, cerca de la frontera. Por la diferencia en el costo laboral, el producto resulta más competitivo en el mercado mundial. Este programa también proporciona entretenimiento y trabajo para los obreros mexicanos. En algunos casos hay beneficios para las familias de los trabajadores. Las operaciones ocupan un gran complejo industrial que lleva muchas mejoras a la zona donde se construye.

Existen otros programas semejantes al programa de la maquiladora en México que proveen beneficios para los inversionistas. Estos programas pueden ayudar a los inversionistas norteamericanos gracias al Tratado de Libre Comercio entre Estados Unidos, Canadá y México, o TLCAN *(NAFTA),* el cual crea un mercado en el que los bienes, las inversiones y los servicios circulan libremente.

Hay gente que cree que estos programas sirven para ayudar a los países participantes a crear empleos y a generar ganancias. Pero hay críticos que opinan que este tratado les quita empleo a los estadounidenses y permite que las grandes compañías maltraten a los obreros mexicanos malpagados. ¿Cuál es la verdad? ¡Es un buen tema para la investigación!

1. ¿Qué es una maquiladora?

_____

2. ¿Qué agencia mexicana regula la maquiladora?

_____

3. ¿Qué es TLCAN?

_____

4. ¿Cree Ud. que el programa de las maquiladoras es bueno o no? ¿Por qué?

_____

8-25. ¡A escribir!   Imagine that you are an executive chef for a chain of franchised restaurants. You are asked to provide the recipe of one of your most popular dishes to the student chefs. Write out a recipe to share with your students. Remember to use the formal command forms in the recipe.

_____

_____

_____

_____

8-26. ¡A buscar!   In the search field of your favorite Internet explorer, type the words **maquiladora mexico.** This will be the beginning of a wealth of information on the program. Be sure to look for the pros and cons of this type of operation as well as the benefits and disadvantages for local laborers. In some cases you will find local newspapers put out by the maquiladoras themselves. And in others you will find the names of groups that fight for the rights of the Mexican laborers. Look at both sides of the picture to help form your opinion.

8-27. Nota cultural.

The United States has exported its idea of fast food to many countries around the world. One way other countries take this idea and apply it to their culture is by creating fast food based on their own cultural likes and dislikes. For example, in Paraguay, if you don't want to cook one night, you can just go to the corner roasted-chicken stand and pick up some delicious chickens roasted on open flames. Another way Hispanic countries adopt fast food is to have the actual franchise from the United States, but with the addition of something typical adapted to the fast-food genre. For example, at a McDonald's in Guatemala, you can get a "McPanada," or the fast-food version of a Guatemalan **empanada,** or stuffed meat pie. And when stopping by the McDonald's in Panama, you can pick up a tasty **guanábana** shake. . .not your average American fare. These franchises are a little piece of America abroad, but with a Hispanic twist.

El comercio global

9-1. La acciones del comercio. With the following list of action verbs, create sentences in Spanish that reflect the world of trade.

Modelo: producir *Las maquiladoras producen un aparato completo de muchas piezas.*

I. pedir _____

2. explorar _____

3. penetrar _____

4. revisar _____

5. fabricar _____

6. ensamblar _____

9-2. Llenar el espacio en blanco. Fill in the blanks with the word from the word bank that best completes the sentence.

frontera	factura	maquiladora	aranceles
ensamblaje	leyes laborales	componentes	aduana

I. Una lista de bienes enviados a un comprador o una lista de servicios, que tiene cantidades y precios es una _____ .

2. La acción de juntar piezas para crear un producto es el _____ .

3. Unas piezas que forman parte de un producto son _____ .

4. Una fábrica de ensamblaje en otro país es una _____ .

5. Una división política entre dos países es una _____ .

6. La agencia de un gobierno encargada de regular la importación y la exportación de bienes y productos y de imponer tarifas es la _____ .

7. Las tarifas que se cobran por la importación o la exportación de bienes o servicios se llaman _____

8. Un sistema de reglas que gobierna el tratamiento que reciben los obreros son las _____

9-3. ¿Cuál no pertenece?   Circle the word that does not belong.

1. arancel, planta, impuesto

2. frontera, factura, recibo

3. zona, área, fábrica

4. corredores, leyes, reglas

5. división, frontera, componente

6. expansión, pieza, componente

7. producto, competencia, rival

8. trasladar, inspeccionar, revisar

9-4. El subjuntivo.   Give the present subjunctive of the following verbs.

Modelo: El chófer prefiere que el agente _____ (revisar) los documentos.
              revise

1. La directiva de la compañía prefiere que nosotros _____ (investigar) otros mercados.

2. El gerente quiere que los trabajadores _____ (trabajar) en turnos.

3. El agente de aduana quiere que las empresas _____ (pagar) los aranceles.

4. El presidente quiere que yo _____ (considerar) la idea de abrir otra maquiladora.

5. El supervisor de la planta prefiere que los obreros _____ (llegar) a tiempo para su turno.

6. Los dueños quieren que la división de producción _____ (abrir) otra planta cerca de la frontera.

7. Nosotros queremos que el jefe de recursos humanos _____ (ir) a la planta para revisar las prácticas.

8. El supervisor quiere que todos los obreros _____ (lavarse) las manos.

9. Quiero que Uds. _____ (hacer) comparaciones de costos con otras compañías.

10. El Sr. Menéndez prefiere que nosotros _____ (pedir) más componentes para transportar.

11. Los obreros quieren que la cafetería _____ (servir) su comida típica.

12. Los jefes quieren que la producción _____ (ser) más amplia.

9-5. Las instrucciones. As manager you need to give instructions to your supervisor. Tell him that you want or prefer that he do the following things.

Modelo: poner los componentes en el almacén

Quiero que pongas los componentes en el almacén.

1. utilizar materias primas _____

2. conocer al corredor de la aduana _____

3. reducir los gastos en la planta _____

4. encargarse de preparar nuevos horarios _____

5. aprender las nuevas técnicas de la competencia _____

6. transportar los componentes en camión _____

7. volver a la frontera con los documentos _____

8. repetir las instrucciones _____

9. vestirse de uniforme _____

10. revisar los camiones de transporte _____

9-6. ¿Qué quiere Ud. que haga yo? You are overseeing the shipment of goods across the border to your company's **maquiladora** and I am the person you put in charge. Now write five sentences stating what you want me to do starting with **quiero que** or **prefiero que.**

Modelo: *Prefiero que consigas una factura.*

_____

_____

_____

_____

_____

_____

_____

_____

_____

9-7. El transporte. Fill in the blanks with the word from the word bank that best completes the sentence.

camión	puerto	aranceles	mercancía	factura
buque	almacén	bultos	aduana	grúa

Necesitamos transportar la (1) _____ en (2) _____ por el mar. Cuando la mercancía llegue

al (3) _____ vamos a ponerla en el (4) _____ hasta tener el buque listo. Para transportar la

mercancía al puerto, vamos a ponerla en un (5) _____ de la fábrica. Tenemos que tener una

(6) _____ con una descripción de toda la mercanía para entregársela al agente de la

(7) _____ . En el muelle unos obreros van a poner los (8) _____ en el buque con la ayuda

de una (9) _____ . El agente nos va a decir cuánto tenemos que pagar de (10) _____

9-8. ¿Cuál no pertenece? Circle the word that does not belong.

I. buque, mar, planta

2. avión, muelle, puerto

3. mariscos, carril, camarones

4. tren, carril, pescado

5. camión, bulto, transporte

6. avión, yate, almacén

7. carga, bultos, pescado

8. muelle, tren, avión

9. contenedor, camarones, bulto

10. transporte, divisa, dinero

9-9. Haga una lista. Make a list of transport vocabulary pertaining to each group.

Tierra	Vía aérea	Mar
_____	*avión* _____	_____
_____	_____	_____
_____	_____	_____
_____	_____	_____
_____	_____	_____
_____	_____	_____
_____	_____	_____

9-10. El chófer de camión. The transport supervisor is breaking in a new truck driver. The supervisor tells the driver which things he demands (**exigir**), which things he recommends (**recomendar**), and which things he prohibits (**prohibir**) when carrying cargo across the border. Write out the sentences according to the cues given.

Modelo: el chófer/siempre llevar la factura en el camión
El supervisor exige que el chófer siempre lleve la factura en el camión.

1. los trabajadores/empaquetar bien las cajas de componentes

_____

2. los chóferes/llevar a inmigrantes ilegales en el camión

_____

3. Uds./tomar un descanso de vez en cuando

_____

4. nosotros/almorzar bien

_____

5. yo/entregar los documentos en la aduana

_____

6. los chóferes/demostrar respeto en la aduana

_____

7. tú/traer drogas en el camión

_____

8. ellos/transferir la carga a otro camión

_____

9. nosotros/vender la carga a personas no autorizadas

_____

10. Uds./llegar a tiempo a la maquiladora

_____

9-11. Los obreros. Management is having a meeting with the workers at a **maquiladora.** The boss is giving the workers advice on how to do a good job and receive a good employee evaluation. Write out sentences using **sugerir** to express management's advice.

Modelo: llegar a tiempo
Nosotros sugerimos que Uds. lleguen a tiempo.

1. cambiarse en el vestidor

_____

2. ponerse el uniforme

_____

3. llevar puesta la redecilla

_____

4. lavarse las manos

_____

5. cumplir con las cuotas

_____

6. cooperar con los supervisores

_____

7. no fumar en la planta

_____

8. venir al trabajo todos los días.

_____

9-12. ¿Cómo se transportan?   There are many ways to ship goods. As advisor to clients going into business, suggest the best way to transport their goods from the U.S. to other countries. Use **recomendar** or **sugerir** as your main clause verb.

Modelo: verduras frescas/México
Sugiero que transporte las verduras frescas en camión frigorífico.

1. componentes/el interior de México

_____

2. algodón/Chile

_____

3. computadoras/Bolivia

_____

4. una cantidad muy grande de petróleo/Argentina

_____

5. tela/la frontera con México

_____

6. trigo/Venezuela

_____

7. autos/Paraguay

_____

8. muebles/Perú

_____

9-13. La importación y la exportación.   Give a definition or synonym for the following terms.

Modelo: divisas—*dinero de cualquier país extranjero*

1. importar _____

2. plantación _____

3. medio ambiente _____

4. pureza _____

5. comestible _____

6. gerencia _____

7. pesticidas _____

8. carta de crédito _____

9–14. En la plantación. You are visiting a cotton plantation in Nicaragua. You are listening to a guide explain what type of activities take place there. Fill in the blanks with the word from the word bank that best completes the sentence.

mala hierba	pesticidas	finca	tierra	cosecha
semillas	medio ambiente	lluvia	tractores	contaminación
abono	regar			

Bienvenido a la plantación Parrales. Aquí tenemos una plantación o (1) _____ muy grande de muchas hectáreas todas dedicadas al algodón. Sembramos las (2) _____ en la primavera pero primero preparamos la (3) _____ con los (4) _____. Después de la preparación echamos (5) _____ a la tierra para fertilizarla. Cuando el algodón empieza a crecer tenemos que quitar la (6) _____ para que no mate al algodón. Si no cae (7) _____ del cielo, entonces usamos un sistema de (8) _____ que proporciona agua para las plantas. Al final esperamos tener una (9) _____ grande y de buena calidad para exportar. Usamos la naturaleza porque no nos gusta usar las (10) _____ en la plantación. Podemos eliminar insectos por medio de otros insectos que se comen a los insectos dañinos. Y no usamos insecticidas porque queremos proteger también el (11) _____. Queremos que el aire no tenga (12) _____.

9–15. Unas sugerencias. You are an attorney whose client is opening a plant in Mexico right across the border. He asks for some basic advice about what to do and what not to do. Write sentences using an impersonal expression and the **Ud.** form in the subordinate clause.

Modelo: hacer un estudio del mercado
   Es preferible que haga un estudio del mercado.

1. contratar a obreros confiables

_____

2. ofrecer buenos beneficios

_____

3. tener un flete de camiones

_____

4. conocer a los aduaneros

_____

5. poner buenos supervisores en la planta

_____

6. utilizar controles de seguridad

_____

7. cumplir con las leyes del tratado

_____

8. pedir ayuda cuando sea necesario

_____

9-16. La contaminación del aire. A friend of yours, Raquel, wants to import tropical fruits from Hispanic countries to use to make jams and jellies. Your friend's company markets itself as environmentally friendly. Make some suggestions to your friend using an impersonal expression and **tú** in the subordinate clause.

Modelo: buscar un país que se preocupe por el medio ambiente
Es preferible que busques un país que se preocupe por el medio ambiente.

1. hablar con un abogado sobre los trámites

_____

2. consultar a agentes del gobierno sobre la importación

_____

3. leer los folletos del departamento de agricultura

_____

4. pedir permisos de la aduana

_____

5. revisar la solicitud para las cartas de crédito con el banco

_____

6. exigir un control de calidad

_____

7. investigar los medios de transporte

_____

8. ir al país para hablar de los pesticidas

_____

9-17. El sustantivo. Based on the following verbs, provide the noun form and its meaning.

Modelo: importar   *la importación*   *the importation*

Verb	Noun	Meaning
alegrarse	_____	_____
trasladar	_____	_____
realizar	_____	_____
transformar	_____	_____
contestar	_____	_____
procesar	_____	_____
cumplir	_____	_____

9-18. En el bufete.   Remember your friend Raquel who wants to import tropical fruits for jams and jellies (**mermelada**)? Now she's back in her lawyer's office discussing other aspects of her proposal. Read the discussion and then answer the questions that follow.

ABOGADO: ¿Qué hay de nuevo, Raquel?

RAQUEL: Bueno, pienso hacer un viaje a Costa Rica para hablar con productores de frutas tropicales.

ABOGADO: Espero que ellos puedan responder a sus preguntas.

RAQUEL: Y pienso llevar a unos obreros de Costa Rica de vuelta a Estados Unidos para ayudarme a cambiar nuestro sistema.

ABOGADO: Hay problemas para llevarse a los obreros....Van a necesitar una visa para entrar a Estados Unidos.

RAQUEL: ¿No pueden ir a la embajada para conseguir la visa?

ABOGADO: No es tan fácil. Hay muchos trámites para sacar los papeles.

RAQUEL: ¿Qué me recomienda?

ABOGADO: Le recomiendo que vaya primero a Costa Rica para ver la situación. Mientras está allá puede averiguar en la embajada lo que hay que hacer para sacar visas para los obreros.

RAQUEL: Buena idea. Posiblemente voy a buscar un local para establecer una oficina allí también.

ABOGADO: Me alegro de que tenga tanta energía para realizar su sueño pero primero debe investigar las leyes de compra de propiedad allá.

RAQUEL: Parece que necesito tener un plan bien pensado antes de empezar. El cumplimiento de las leyes de los dos países es necesario para tener éxito y no frustrarme.

ABOGADO: Bien dicho. Ahora, vamos a empezar poniéndonos en contacto con unos productores de frutas tropicales.

1. ¿Por qué quiere ir Raquel a Costa Rica?

_____

2. ¿Por qué quiere importar frutas tropicales?

_____

3. ¿Por qué los obreros no la pueden acompañar a Estados Unidos?

_____

4. ¿Adónde van para sacar la visa para Estados Unidos?

_____

5. ¿Qué más busca Raquel en Costa Rica?

_____

6. ¿Qué necesita hacer Raquel antes de salir?

_____

9-19. ¡Muchos trámites!   In order to get a price quote from a business in another country, it is customary to ask for an itemized invoice that is not a bill. The buyer can use this invoice to apply for an import license or arrange for funds. The following is information required on a pro forma invoice. You are selling some used computers that your company salvages to a company in Honduras. Fill out the pro forma invoice.

Nombre del vendedor _____

Dirección del vendedor _____

Número de teléfono del vendedor _____

Nombre y dirección del comprador _____

Lista de productos pedidos y una descripción breve _____

_____

_____

El precio de cada uno (en dólares americanos) _____

El producto es: _____ nuevo o _____ usado

Peso bruto y neto _____

Dimensiones _____

Descuento comercial (si es aplicable) _____

Punto de entrega _____

Términos de pago _____

Costo de seguro y transporte _____

Período vigente de la cotización _____

Costos totales pagados por el cliente _____

Fecha de transporte de la fábrica estadounidense al puerto

estadounidense _____

Fecha de la llegada _____

Firma _____ *Fecha* _____

9-20. Las emociones.   Raquel is now in Costa Rica to talk to fruit growers and real estate agents. Respond to the following comments about her trip with one of the following phrases:

| Estoy contento/a de que. . . | No creo que. . . | Siento que. . . |

1. Los productores de frutas tropicales son muy amables.

_____

2. No producen mucha variedad de frutas.

_____

3. Quieren trabajar conmigo.

_____

4. Tengo problemas con la aduana.

_____

5. El agente de bienes raíces es muy cooperativo.

_____

6. Van a venderme un local muy barato.

_____

7. El gobierno impone leyes difíciles para la compra de un local.

_____

8. Estoy muy cansada de hacer tanto trabajo.

_____

9-21. Preocupaciones. A business has just set up twin plants on both sides of the border between Mexico and the United States. Read the following conversation between two managers and fill in the blanks with the correctly conjugated form of the verb in parentheses.

JUAN: Dudo que la maquiladora (1) _____ (tener) obreros listos para empezar.

ANTONIO: Sí, tiene obreros pero no creo que la cafetería (2) _____ (estar) lista.

JUAN: Sí, eso es un problema. Y dudo que nuestros supervisores (3) _____ (saber) que los componentes llegan mañana.

ANTONIO: Me alegro de que los componentes (4) _____ (llegar) mañana porque pueden empezar el trabajo.

JUAN: Sí, necesitan empezar porque yo temo que ellos no (5) _____ (cumplir) con las cuotas.

ANTONIO: No, no creo que (6) _____ (hay) problema con las cuotas. Dudo que el nuevo gerente de planta (7) _____ (tener) su visa y su permiso de trabajo.

JUAN: Sí, los tiene. No hay problema. Pero no estoy seguro de que los camiones (8) _____ (pasar) fácilmente por la aduana.

ANTONIO: Tienen todas las facturas y documentos necesarios. Pero me molesta que nosotros no (9) _____ (conocer) al nuevo agente.

JUAN: Nos preocupamos mucho. Estoy seguro que todo (10) _____ (ir) a estar bien.

9-22. ¡A leer!   Foreign currency is something everyone in the import/export business must be familiar with. Now most of Europe is united under one currency, the **euro.** Read the following information about the euro.

■ Desde el primero de enero de 2002 podemos utilizar billetes y monedas en euros en España y en los otros países de la Unión Europea. Hay siete billetes de valores entre cinco y 500 euros y son fáciles de reconocer porque cada uno de ellos es de un color diferente. El tamaño aumenta según el valor del billete. En España, el anverso de cada billete tiene ventanas y puertas que simbolizan la idea de la apertura entre los países miembros. El puente del reverso simboliza la cooperación de los pueblos europeos entre sí y entre ellos y los otros países del mundo. También tienen elementos para que los invidentes puedan identificar sus valores.

■ Los billetes de cinco, diez y veinte euros tienen una serie de elementos de seguridad como la marca de agua. Cuando se mira el billete a contraluz se puede ver una imagen y la cifra que muestra su valor. También tiene un hilo de seguridad que se ve al trasluz y una banda iridescente que brilla bajo luz intensa y cambia un poco de color. Aparece un holograma al inclinar el billete con la cifra representando el valor también. Los billetes de 50, 100, 200 y 500 euros también tienen una marca de agua con el valor y un hilo de seguridad. Su holograma lleva una imagen y el valor. Hay otros elementos de seguridad incorporados en los billetes que los diferencian de los billetes de menor valor. Esto provee protección contra la falsificación. El papel de los euros es un papel hecho a base de fibras de algodón que les da una textura especial. El color varía cuando se inclina el billete.

■ Hay ocho monedas de diferentes tamaños y colores. Las monedas de mayor valor tienen un diseño de dos colores en blanco y amarillo. Las monedas de valor intermedio son amarillas y las monedas de menor valor son de color cobre. Cada moneda lleva algo que representa los doce países que forman la Unión Europea. En las monedas españolas de uno y dos euros está la imagen del rey de España. En las monedas de 10, 20 y 50 céntimos aparece Cervantes. Y las de 1, 2 y 5 céntimos muestran la catedral de Santiago de Compostela.

9-23. ¡A escribir!   You are a member of your town's Chamber of Commerce and, together with other small businessmen, are traveling to different Spanish-speaking countries to discuss a business relationship. You are researching the idea of importing and exporting. . .attracting their business and broadening your range of clients. Think about what types of goods and services you can offer them and what you would like in return. Prepare a short document to illustrate why these other countries should look to your locale for partnership. Try to use some of the subjunctive structures learned in this chapter.

Modelo: *Creemos que es una buena idea pensar en abrir negocios con nosotros porque ofrecemos un mercado nuevo para sus productos o servicios. Nos alegramos de que Uds. quieran hablar con nosotros sobre un intercambio.*

_____

_____

_____

_____

_____

_____

9-24. ¡A buscar!   In the year 2000 the government of Mexico established a plan for the improvement of transport and technology. Go to the following Web site: *www.sct.gob.mx/progtrab2000/contenido.html.* There click on **Transporte Marítimo** to find out the extent to which the government offers both national and international ocean-going transport and the improvements it intends to make.

9-25. Nota cultural.

When you travel, besides crossing borders you also cross the line of foreign currency. Currency changes from one country to the next and, many times, within the same country. Currency suffers from the effects of inflation, poor economies, and changes of government. So how do we handle going from the dollar to another currency when we travel? First of all, since the exchange rate varies from day to day, it is wise not to exchange too much money on any given day, especially if you're in a country whose inflation fluctuates on a daily basis. Also remember to exchange dollars only in banks or businesses approved for that purpose. Travelers' checks are always a good idea, and now many countries accept major credit cards at businesses and ATM machines. There may be a charge for using them, but it's better than carrying too much cash.

El papel del gobierno

10-1. La familia de palabras.   Read the following list of nouns and provide the related infinitive. Then determine the meaning of the infinitive.

Modelo:	**Noun**	**Verb**	**Meaning**
	el comercio	*comerciar*	*to trade*

Noun	**Verb**	**Meaning**
la investigación	_____	_____
la acusación	_____	_____
la citación	_____	_____
el jurado	_____	_____
el juez	_____	_____
la legislación	_____	_____
el fraude	_____	_____
la caída	_____	_____
el comercio	_____	_____
la constitución	_____	_____

10-2. El gobierno.   Fill in the blanks with the word from the word bank that best completes the sentence.

auditor	evento	jurado	gobierno
Congreso	comité	audiencia	presupuesto

1. Una ocurrencia o un incidente es un _____ .

2. Un sistema establecido de administración política es un _____ .

3. Un grupo organizado de personas que investiga un asunto es un _____ .

4. Una reunión formal donde se presenta evidencia o se da testimonio es una _____ .

5. Un plan financiero de los gastos durante un período de tiempo específico es un _____ .

6. Una persona que examina las cuentas para verificar su exactitud es un _____ .

7. La legislatura de Estados Unidos que está compuesta por el Senado y la Casa de Representantes es el _____ .

8. Un grupo de personas que escucha la evidencia y toma una decisión según lo que encuentra es un _____ .

10-3. Una visita al Senador.   You, a political science student, visited your Senator's office in Washington, D.C. He invited you to accompany you around during his daily routine. Fill in the blanks with the correct form of the preterite of the verbs in parentheses.

Yo (1) _____ (empezar) la mañana a las ocho cuando (2) _____ (llegar) a la oficina del Senador. Nosotros (3) _____ (tomar) una taza de café y (4) _____ (conversar) sobre el horario. Después el Senador me (5) _____ (llevar) a una escuela secundaria donde él (6) _____ (dar) una conferencia. Entonces nosotros (7) _____ (salir) de la escuela. A las diez, en la limusina, el Senador (8) _____ (leer) un informe sobre una audiencia congresional. A las diez y media nosotros (9) _____ (asistir) a una reunión de un grupo a favor del comercio libre. A las doce yo (10) _____ (almorzar) con el Senador en el comedor congresional.

10-4. Como pasé mi día. The following is a page from the planner of a congressional assistant. At the end of the day, he accounts for what he did by writing a memo.

Modelo: 7:30 de la mañana salir para el trabajo
Yo salí para el trabajo a las siete y media de la mañana.

7:30	*salir para el trabajo*
8:00	*recoger el correo del senador*
8:30	*buscar la información de la investigación*
9:00	*arreglar la información para el senador*
9:30	*leer el memorandum del comité*
10:00	*preparar una respuesta al memorandum para el senador*
10:30	*comprar dos bebidas en el café*
11:00	*darle el informe completo al senador*
11:30	*incluir el informe en los paquetes*
12:00	*almorzar con Marta*

_____

_____

_____

_____

_____

_____

_____

_____

_____

_____

10-5. ¿Cuánto tiempo hace que. . .?   How long ago did the following people do the following things. Write a sentence according to the cues given.

Modelo: los asistentes/recibir capatación profesional/dos años
   Hace dos años que los asistentes recibieron capacitación profesional.

 1. yo/escribirle al congresista/tres meses

 _____

 2. Uds./cancelar una cita/tres semanas

 _____

 3. la secretaria/tomar un mensaje/diez minutos

 _____

 4. nosotros/volver al médico/seis meses

 _____

 5. Ud./comprar un auto defectuoso/cinco años

 _____

 6. yo/descubrir un error en la planilla de los impuestos/dos meses

 _____

 7. tú/ver las noticias/dos días

 _____

 8. el agente/alquilar un auto/tres semanas

 _____

 9. los constituyentes/oír un buen discurso político/un año

 _____

 10. el comité/recaudar fondos/seis semanas

 _____

10-6. El significado.   Give a definition or synonym in Spanish for the following words or expressions.

Modelo: la educación bilingüe
    La educación bilingüe es la enseñanza en dos idiomas.

1. recaudar fondos

_____

2. el debate

_____

3. la inmersión en un idioma

_____

4. patrocinar

_____

5. la campaña política

_____

6. cabilderos

_____

7. candidato

_____

8. tesorero

_____

10-7. La educación bilingüe. There are varying opinions and even definitions of bilingual education. Read the passage and answer the questions that follow.

Hay diferentes métodos de ayudar a los estudiantes que no hablan inglés como idioma materno. Lea las descripciones que siguen.

★ Inmersión en inglés: Los maestros dan clases solamente en inglés usando términos más fáciles y los estudiantes aprenden inglés y otras materias.

★ Inglés como segundo idioma: Generalmente los estudiantes asisten a estas clases una vez al día para mejorar su inglés. En algunos casos reciben enseñanza en otras materias.

★ Educación bilingüe transicional: La instrucción de algunas materias es en inglés pero una parte del día se dedica a desarrollar la habilidad de los estudiantes en inglés.

★ La educación en dos idiomas: La instrucción es en dos idiomas presentada generalmente por un equipo de maestros. Hay un maestro para cada idioma.

En 1998 los ciudadanos de California votaron para eliminar la educación bilingüe en el estado. En Arizona pasaron una ley semejante en el año 2000. Un empresario de California financió las campañas para eliminar la educación bilingüe. Y hay cabildeo en otros estados para seguir con el mismo ímpetu.

---

1. ¿En qué estados pasaron una ley para eliminar la educación bilingüe?

_____

2. ¿En qué año eliminaron la educación bilingüe en California? ¿Y en Arizona?

_____

3. En su opinión, ¿cuál de los cuatro métodos es el mejor para integrar a los estudiantes que no hablan inglés?

_____

10-8. Los voluntarios. Many times political campaigns must rely on volunteers to get a lot of work done to promote the candidate. In order to recognize this group, a candidate's aide reports on the volunteers' activities. Write new sentences to tell what the volunteers did.

Modelo: venir temprano a la oficina
Los voluntarios vinieron temprano a la oficina.

1. saber las estadísticas de la votación a las doce

_____

2. poner los folletos en los lugares de interés

_____

3. hacer mucho trabajo por la noche

_____

4. tener problemas con los periodistas

_____

5. ir a todos los negocios para pedir apoyo

_____

6. estar en el trabajo por doce horas

_____

7. querer conocer al candidato

_____

8. venir al debate

_____

9. ser los mejores voluntarios de la campaña

_____

10. no poder acompañar al candidato al aeropuerto

_____

10-9. ¿Qué hizo Ud.? And what did you do to promote your candidate in the last election? Explain what you did according to the cues given.

Modelo: ver los debates en televisión
Yo vi los debates en televisión.

I. conocer al candidato cuando pasó por mi ciudad

_____

2. leer los folletos de información sobre su postura

_____

3. ir a escuchar un discurso

_____

4. querer conocer a todos los candidatos

_____

5. hacer trabajo en una de las campañas

_____

6. estar en el debate

_____

7. tener tiempo para ver a los candidatos en televisión

_____

8. ser voluntario en la campaña

_____

9. saber las opiniones de los candidatos en cuanto a la educación

_____

10. votar

_____

10-10. Durante la campaña. Imagine that you work for a presidential candidate. Write out a list of five things you did in the last campaign and five things the candidate did during the campaign.

Modelo: *Yo preparé el discurso. El candidato dio el discurso.*

_____

_____

_____

_____

_____

_____

_____

_____

_____

10-11. Las organizaciones sin fines de lucro. Read the following description of a nonprofit organization. Fill in the blanks with the word from the word bank that best completes the sentence.

justo	sinagogas	médica	arte
beneficio	ambientales	medio ambiente	animales
donativos	voluntarios	impuestos	ingresos

¿Qué es una organización sin fines de lucro? Típicamente es un grupo que se forma y trabaja para el

(1) _____ de propósitos religiosos, científicos, sociales, artísticos, educativos o (2) _____ .

Algunos ejemplos de estos grupos son: iglesias, (3) _____ u otro tipo de organización religiosa,

equipos de deportes de un barrio, grupos de investigación (4) _____ , agencias para apoyar a gente sin

hogar o de (5) _____ bajos, grupos de danza, (6) _____ , etc., agencias para la adopción de

(7) _____ y organizaciones que trabajan para preservar el (8) _____ . La idea de un grupo

sin fines de lucro es la de ofrecerle apoyo a un grupo específico de una manera humanitaria, sin tener que pagar

(9) _____ . No pagan impuestos porque no hay ganancias para la gerencia ni para los trabajadores. Los

(10) _____ que la organización recibe se usan para la caridad pública. Las personas que trabajan para

este tipo de organización pueden ganar un sueldo si es un sueldo (11) _____ . No todos tienen que

ser (12) _____ o personas que trabajan sin recibir salario.

10-12. El significado.   Give a synonym or a definition for the following terms.

Modelo: recaudar—*buscar y recibir dinero*

1. caridad _____

2. donativo _____

3. voluntario _____

4. lucro _____

5. impuestos _____

6. enfermero _____

7. fondos _____

8. herido _____

10-13. Las acciones de los voluntarios.   As a volunteer you are always ready to lend a hand. Recently there was flooding in your area and you were called on to help with the rescue and cleanup effort. Explain what you did. And then explain that the other volunteers did the same.

Modelo: sentirse nervioso por la situación
Yo me sentí nervioso por la situación.
Los voluntarios se sintieron nerviosos por la situación.

1. repetir las instrucciones

_____

_____

2. preferir trabajar en la zona más peligrosa

_____

_____

3. seguir al grupo al río

_____

_____

4. elegir un trabajo difícil

_____

_____

5. traerle provisiones a la gente

_____

_____

6. traducir las instrucciones

_____

_____

7. decirle la verdad a la víctima

_____

_____

8. pedirles ayuda a mis compañeros

_____

_____

10-14. La organización sin fines de lucro. You and your friends work for a nonprofit organization. After you explain what you did, a friend always counters with what Juan, another friend, has done.

Modelo: Nosotros dormimos en tiendas de campaña (_tents_).
**Juan durmió en una tienda de campaña también.**

1. Le trajimos comida a la gente necesitada.

_____

2. No les mentimos a los donantes.

_____

3. Pedimos donativos por teléfono.

_____

4. Nos sentimos nerviosos cuando ocurrió la catástrofe.

_____

5. Repetimos la propaganda por teléfono.

_____

6. Servimos café durante la tormenta.

_____

7. Estuvimos en la región de la catástrofe.

_____

8. Elegimos trabajar como voluntarios.

_____

10–15. La voluntaria perfecta.   Create the perfect nonprofit organization volunteer and describe at least eight things she did on one of her most productive days.

Modelo: *Trabajó muchas horas del día como voluntaria.*

_____

_____

_____

_____

_____

_____

_____

_____

_____

10–16. El medio ambiente.   Fill in the blanks with the word from the word bank that best completes the sentence.

invernadero	inundación	sequía	calentamiento
glaciares	desierto	selva	capa

1. Una región seca con arena donde generalmente no hay vida es un _____ .

2. Unas masas muy grandes de hielo son _____ .

3. Un largo período de tiempo sin lluvia es una _____ .

4. Un área muy grande con muchos árboles y animales es una _____ .

5. La transformación del medio ambiente a causa de las altas temperaturas es el efecto _____ .

6. Cuando hay mucha lluvia y los ríos sobrepasan sus límites, puede haber una _____ .

7. La _____ de ozono protege la tierra de los efectos de los rayos ultravioletas.

8. Cuando hablamos de temperaturas más altas, nos referimos al _____ global.

10–17. El medio ambiente y Estados Unidos. Read the following newspaper clipping about the environment and then define the terms that follow.

> ■ El Secretario de estado, Colin Powell, habló en Sudáfrica sobre la postura de Estados Unidos frente al problema del medio ambiente. Los activistas interrumpieron el discurso de Powell; los dirigentes de la conferencia tuvieron que llevarse a trece activistas de la sala de conferencia. Powell explicó que el bienestar de los estadounidenses depende del bienestar de todos los habitantes del planeta. Estados Unidos, junto con 190 naciones, adoptó un plan para mejorar las vidas de los pobres y combatir la destrucción del planeta. Los activistas criticaron a Estados Unidos porque este país no participó en el Protocolo de Kyoto, que propone parar el calentamiento global. Pero el Presidente Bush dijo que Estados Unidos hace otras cosas para cambiar el clima. Powell, en su discurso, reafirmó la idea de que la inversión en la gente, el uso inteligente de la economía y el apoyo al medio ambiente son elementos cruciales para el futuro del mundo.

Define the following terms in Spanish based on your understanding of the newspaper article.

1. activistas

_____

2. interrumpieron

_____

3. mejorar

_____

4. combatir

_____

5. apoyo

_____

6. cruciales

_____

10-18. Llene el espacio en blanco.   Fill in the blank with the preterite form of the verb in parentheses.

Modelo: Los senadores _____ (asistir) a la audiencia.
    Los senadores asistieron a la audiencia.

1. El congresista _____ (ejercer) su autoridad.

2. La compañía _____ (arrendar) un local para instalar una maquiladora.

3. Los voluntarios _____ (recaudar) fondos para la causa.

4. Las víctimas _____ (sobrevivir) la catástrofe.

5. Los candidatos _____ (cancelar) el debate.

6. Las organizaciones de caridad _____ (aliviar) el sufrimiento.

7. La inundación _____ (dañar) la ciudad.

8. El cabildero _____ (presionar) a los congresistas.

10-19. Las actividades del Congreso.   Fill in the blank with the preterite form of the verb in parentheses.

Ayer (1) _____ (ser) un día muy ocupado en el Congreso. Por la mañana el comité del presupuesto

(2) _____ (tener) una reunión sobre unos problemas de auditoría. El auditor principal

(3) _____ (ir) a la reunión y (4) _____ (dar) su testimonio. También los accionistas de

Andrés y Cía. (5) _____ (acusar) al presidente de la compañía de actos criminales. En la audiencia

sobre la educación bilingüe, una madre (6) _____ (explicar) por qué su hija necesita estudiar en los

dos idiomas. La madre (7) _____ (decir) que su hija necesita mejorar su español antes de entender

inglés. La madre (8) _____ (hablar) en español y un intérprete (9) _____ (traducir) su tes-

timonio. Después de la audiencia, unos congresistas (10) _____ (almorzar) en un restaurante de

Georgetown. Ellos (11) _____ (pedir) la especialidad del día. El mesero les (12) _____

(servir) la comida rápidamente.

10-20. ¡A leer! Read the following article about a Guatemalan nonprofit organization and tell whether the statements that follow are true (**C**) or false (**F**). If they are false, rewrite the sentence, making it true.

Fondo Unido de Guatemala empezó como una organización sin fines de lucro para ayudar a la gente más necesitada por medio de la ayuda de compañías privadas y por medio de la asistencia económica y la dedicación del tiempo voluntario de los individuos. Varios profesionales de las compañías más notables forman la junta directiva. El Fondo tiene un director que es responsable de coordinar e implementar los programas de la fundación. Fondo Unido de Guatemala se fundó en 2001. Recauda fondos por medio de cuatro estrategias: donativos corporativos, donativos individuales, una campaña para empleados de compañías grandes, y eventos y funciones para recaudar fondos. Fondo Unido decidió concentrar sus esfuerzos y sus recursos en programas para los niños guatemaltecos. Los programas se centran en la educación y la nutrición de los niños marginados. Los directores quieren promover cambios estratégicos a largo plazo en la sociedad guatemalteca.

I. _____ Los funcionarios del gobierno de Guatemala forman la junta directiva del Fondo Unido.

_____

2. _____ Tiene tres directores.

_____

3. _____ Tiene cuatro estrategias para recaudar fondos.

_____

4. _____ Sus programas son para las personas de la tercera edad (*elderly*).

_____

5. _____ Quieren cambiar la sociedad rápidamente.

_____

10-21. ¡A escribir! Choose a nonprofit organization and in a paragraph explain why you think this organization is worthwhile. Tell what their goals are, how they carry them out, how they get funds, and any other information you think might be pertinent.

_____

_____

_____

_____

_____

10-22. ¡A buscar!   You can find a wealth of information about the U.S. State Department's positions on protecting the world's cities from the effects of pollution and other environmental dangers. Go to *http://usinfo.state.gov/journals/itgic/0300/ijgs/ijgs0300.htm* and see what the Agency for International Development is doing to promote a better environment throughout the world.

_____

_____

_____

_____

_____

_____

_____

_____

_____

10-23. Nota cultural.

Americans traveling abroad for the first time may be somewhat surprised by the level of air pollution in some of the larger cities in developing countries. In much of Central and South America, leaded gasoline is still used, and cars shipped from the United States must have their catalytic converters removed. In some countries there are political parties that represent a more ecologically conscious viewpoint. Uruguay has two green parties, the **Partido del Sol** and the **Partido Ecologista**. In Chile's 1992 elections ecologists ran a green candidate, and in Mexico the Green Ecological Party or **PVEM** won a small percentage of votes in the 1997 elections. These are just a few examples of the growing awareness of environmental issues in developing countries.

El mundo de la tecnología

11-1. El comercio electrónico.   Fill in the blanks with the word from the word bank that best completes the sentence.

palabra clave	diseñar	extensión	banderas de publicidad
hospedaje	enlaces	página principal	correo electrónico

I. Una carta que se escribe y se manda por computadora es un _____ .

2. Cuando Ud. paga una cuota mensual para tener su página web en Internet, Ud. paga para tener el
_____ .

3. Cuando Ud. quiere buscar información en Internet, tiene que entrar una _____ en el campo del buscador.

4. Si Ud. quiere tener una página en la Red, necesita _____ el sitio web.

5. Cuando Ud. está navegando por Internet, muchas veces ve las _____ de las compañías que están haciendo propaganda.

6. Si Ud. tiene una dirección en Internet, generalmente termina con una _____ .

7. Cuando Ud. busca información en Internet, muchas veces un sitio le manda a otro sitio. Estos son los
_____ .

8. Cuando Ud. va a un sitio de Internet, generalmente empieza con la _____ del sitio.

11-2. Una búsqueda.   Read the following description of an Internet search and fill in the blanks with the word from the word bank that best completes the sentence.

enlaces	palabras claves	motor de búsqueda	usuario
cerrar	banderas de publicidad	contraseña	sitios

Para hacer una búsqueda de Internet, primero tiene que hacer clic en su (1) _____ . Ahora puede

empezar la búsqueda. En el campo va a escribir unas (2) _____ para explicar lo que busca. Después de

hacer clic otra vez va a encontrar una lista de (3) _____ donde puede encontrar información sobre el

tema que le interesa. Mientras busca va a ver unas (4) _____ porque hay muchas compañías que

quieren venderle sus productos. Si no le interesa la propaganda, Ud. puede (5) _____ esa caja y seguir

viendo los sitios que le interesan. A veces los sitios le dan direcciones electrónicas de otros sitios. Estas direcciones

son (6) _____ con otros lugares sobre el mismo tema. Muchas veces Ud. tiene que ser "miembro"

para entrar en un sitio. Para hacerse miembro va a necesitar una (7) _____ para hacerse

(8) _____ del sitio.

11-3. ¿Siempre, con frecuencia, a veces o nunca?   Explain if, when you were younger, you always performed the following actions, did them frequently, just sometimes, or never. Since you are talking about habitual actions, use the imperfect tense.

Modelo: utilizar el procesador de texto
    Utilizaba el procesador de texto con frecuencia.

1. leer la publicidad en Internet

_____

2. tener una computadora portátil

_____

3. jugar partidos en la computadora

_____

4. ir de vacaciones en el verano

_____

5. escribirles correos electrónicos a mis amigos

_____

6. navegar por Internet

_____

7. diseñar páginas

_____

8. ver televisión

_____

11-4. Antes y ahora.   Fill in the blanks with the correctly conjugated verb using the imperfect tense when it deals with the past and the present tense for now.

Modelo: jugar: Antes nosotros _____ deportes, pero ahora _____ partidos de vídeo.
   Antes nosotros jugábamos deportes, pero ahora jugamos partidos de vídeo.

I. recibir: Antes yo _____ muchas cartas, y ahora _____ correo electrónico.

2. ir: Antes Uds. _____ al cine, pero ahora _____ a las tiendas de vídeo.

3. navegar: Antes Miguel _____ por el océano, pero ahora _____ por Internet.

4. utilizar: Antes tú _____ la pantalla de la televisión, pero ahora _____ la pantalla de la computadora.

5. preocuparse: Antes los adultos _____ por sus memorias, pero ahora _____ por la memoria de la computadora.

6. decir: Antes yo _____ la palabra red cuando pescaba, pero ahora _____ la palabra cuando uso la computadora.

7. conseguir: Antes nosotros _____ libros en la librería, pero ahora _____ libros en Internet.

8. hacer: Antes ellos _____ investigación en la biblioteca, pero ahora _____ investigación en Internet.

11-5. ¿Qué hacía cuando era niño/a?   Now write at least five sentences describing things you used to do when you were a child.

Modelo: *Yo siempre iba a la playa con mi familia todos los veranos.*

_____

_____

_____

_____

_____

_____

_____

_____

11-6. Mi compañía en Internet. Fill in the blanks with the word from the word bank that best completes the sentence.

carrito	caja	página	tarjeta de crédito
usuario	envío	contraseña	sitio

Tengo una compañía en la Red. Vendo artesanía de Centroamérica. Si una persona quiere comprar un artículo, puede ir a la (1) _____ de mi compañía en Internet. Si Ud. es un nuevo (2) _____ va a tener que escribir su nombre y crear una (3) _____ para entrar en el (4) _____ . Para hacer una compra, Ud. va a poner los artículos que quiere en el (5) _____ de compras. Cuando esté listo/a para pagar, va a hacer clic en la (6) _____ . Esto lo lleva a una página segura. En la página segura Ud. va a escribir la información personal y el número de su (7) _____ . Además de pagar por el artículo, tiene que pagar por el (8) _____ , o sea, los gastos por mandar las cosas.

11-7. ¿Cómo se dice? Give a definition or synonym in Spanish for the following expressions.

Modelo: contraseña
Es una palabra secreta usada para identificarse.

1. el usuario

_____

2. el envío

_____

3. el recaudador de cuentas

_____

4. tiempo completo

_____

5. atrasado

_____

6. el carrito de compras

_____

7. navegar

_____

8. transmitir

_____

11-8. ¡Llegó el jefe! Your boss has been gone for a few days. State what everyone in the office was doing when he arrived.

Modelo: la secretaria/hablar por teléfono
La secretaria hablaba por teléfono cuando llegó el jefe.

1. el gerente de ventas/buscar unos documentos

_____

2. yo/navegar por Internet

_____

3. mi colega/jugar en la computadora

_____

4. nosotros/hacer aviones de papel

_____

5. Uds./beber un café

_____

6. tú/diseñar una página personal

_____

7. el asistente/escribir un correo electrónico personal

_____

8. los trabajadores/descansar

_____

11-9. Una oficina ocupada. You work in a very busy office. State what some workers were doing while others were doing something else last week.

Modelo: Juan/recoger los archivos
Uds./diseñar una página
Juan recogía los archivos mientras Uds. diseñaban una página.

1. yo/preparar una factura   la secretaria/buscar unos datos

_____

2. nosotros/hacer las listas   Uds./mandar los paquetes

_____

3. Ud./escribir un mensaje   ellos/recibir pagos

_____

4. yo/pedir piezas de repuesto   Isabel/almorzar

_____

5. el agente/describir la póliza   Uds./darle la cotización al cliente

_____

6. el técnico/arreglar la impresora   yo/investigar el comercio-e

_____

7. los clientes/esperar en la sala   el gerente de crédito/cargar información

_____

8. la secretaria/beber café   el jefe/comer una manzana

_____

11-10. ¿Cómo se sentía? How did the following people feel when certain things happened. Fill in the blanks with the verbs in parentheses with the verb in the imperfect or preterite tense.

Modelo: Yo _____ (estar) enferma cuando mi esposo _____ (salir) para el trabajo.
Yo estaba enferma cuando mi esposo salió para el trabajo.

1. Ramón _____ (sentirse) incómodo cuando _____ (ir) a casa de su jefe.

2. Yo _____ (estar) cansado/a cuando el jefe me _____ (pedir) otro favor.

3. Nosotros _____ (sentirse) furiosos cuando la compañía no nos _____ (subir) el sueldo.

4. Ud. _____ (tener) sueño cuando el representante _____ (venir) a su oficina.

5. Mi jefe no _____ (saber) qué hacer cuando las ventas _____ (bajar).

6. Yo _____ (tener) hambre cuando nosotros _____ (terminar) el trabajo a las doce.

11-11. Antes y ahora. Read the following list of items and tell what they were associated with in the past and what they are associated with now.

Modelo:	**Antes**	**Ahora**
pantalla	*la televisión*	*la computadora*

	Antes	Ahora
1. el ratón	_____	_____
2. el teclado	_____	_____
3. la memoria	_____	_____
4. la red	_____	_____
5. archivar	_____	_____
6. el menú	_____	_____
7. el disco	_____	_____
8. el Palm	_____	_____

11-12. Los PDAs. Read the following article and then write five sentences stating the pros and cons of owning a Palm. Why would you own one or not?

Los Palm son unos aparatos electrónicos del tamaño de una caja de cigarrillos. Tienen agendas, libretas de direcciones, calculadoras y espacio para anotar ideas y listas. Ud. puede bajar otras aplicaciones de Internet orientadas a su área de interés, como juegos, calculadoras, utilidades, conexiones de Internet, programación, relojes y más. La máquina viene con un cable para conectar el aparato a la computadora. Le permite mantener todas las aplicaciones y los datos en ella. Y le permite intercambiar toda la información que está en el Palm en el programa especial de la computadora. ¿Necesita Ud. un asistente personal? Pues, consiga un PDA.

_____

_____

_____

_____

_____

_____

_____

11-13. Antes y ayer.   In the past you used to do things one way. But yesterday you broke the pattern.

Modelo: ver televisión/trabajar en la computadora
Antes yo veía televisión, pero ayer trabajé en la computadora.

I. escribir cartas largas/mandar un e-mail

_____

2. ir a las tiendas/hacer compras por Internet

_____

3. preparar todo en la máquina de escribir/guardar todo en la computadora

_____

4. conversar con mi familia por teléfono/comunicarse en una sala de charla

_____

5. buscar libros en la biblioteca/hacer investigaciones en la Red

_____

6. jugar a Pacman/escuchar música en iPod

_____

7. revelar fotos en la tienda/sacar fotos con una cámara digital

_____

8. usar una lista de mandados/utilizar mi agenda del Palm

_____

11-14. Mi colega fenomenal. You have a coworker, Beatriz, who is very hardworking. Last month she was always doing two things at once. Explain one thing she was doing while also performing another task.

Modelo: archivar los documentos/contestar el teléfono
Beatriz archivaba los documentos mientras contestaba el teléfono.

1. escribir/hablar conmigo

_____

2. explicar el problema/comer

_____

3. navegar por la Red/escuchar música

_____

4. jugar en la computadora/charlar por teléfono

_____

5. buscar una factura/decirle el problema al jefe

_____

6. aprender a diseñar una página/beber un refresco

_____

7. leer un libro/ver televisión

_____

8. conducir el coche/hacer una llamada por teléfono celular

_____

11-15. El aparato de mis sueños. After reading about the technology of the future in your textbook, make a list of the "machines of your dreams." What do they do and how can they help you?

Modelo: *Quiero un aparato para planear mi día en la oficina y en la casa. Algo como la pantalleradora pero con acceso a información no sólo del refrigerador.*

_____

_____

_____

_____

_____

_____

_____

_____

_____

_____

11-16. El inventario. Now make a list of electronic devices you currently use. Tell which ones you like and why. If you do not like a device, explain why.

Modelo: *Tengo un teléfono celular. Me gusta porque puedo comunicarme con todo el mundo y lo puedo llevar conmigo. Es portátil.*

_____

_____

_____

_____

_____

_____

_____

_____

_____

_____

11-17. ¡Se apagaron las luces! Fill in the blanks with the correctly conjugated verb in either the preterite or the imperfect tense.

(1) _____ (ser) las diez de la noche cuando se apagaron las luces de la casa. Yo (2) _____

(leer) un libro y mis hijos (3) _____ (hacer) la tarea cuando esto pasó. Yo (4) _____

(poner) mi libro en el escritorio y (5) _____ (salir) de la casa para investigar la causa. Yo

(6) _____ (tener) mucho miedo y (7) _____ (sentirse) nervioso. Pero mi vecino me

(8) _____ (decir) que él no (9) _____ (tener) luz en su casa tampoco.

11-18. Roberto fue de compras. Fill in the blanks with the correctly conjugated verb in either the preterite or the imperfect tense.

Una noche Roberto (1) _____ (trabajar) en la computadora. Él (2) _____ (hacer) un

informe sobre un aparato nuevo. En un sitio de la Red, Roberto (3) _____ (encontrar) una foto del

aparato. (4) _____ (decidir) imprimirla para su informe. Pero Roberto no (5) _____

(tener) papel para la impresora. Roberto (6) _____ (salir) de la casa y (7) _____ (ir) a la

tienda. Él (8) _____ (estar) cansado y (9) _____ (tener) hambre pero primero. . . ¡el

informe! (10) _____ (comprar) el papel y (11) _____ (volver) a casa.

11-19. La información biográfica.   Complete the following table in order to explain something about yourself. Start with a sentence in the present tense (**ahora**), then say something about the past in general (**antes**) and finish with a sentence about something that happened once (**una vez**). Use the topics to the left to frame your sentences.

Modelo: **Ahora**   **Antes**   **Una vez**

Amigos:
Ahora tengo dos buenos amigos.
Antes tenía muchos amigos.
Una vez tuve un problema con un amigo.

	Ahora	**Antes**	**Una vez**

Estudios:

_____

_____

_____

Trabajos:

_____

_____

_____

Pasatiempos:

_____

_____

_____

Viajes:

_____

_____

_____

Inversiones:

_____

_____

_____

Seguros:

_____

_____

_____

Gustos tecnológicos:

_____

_____

_____

11-20. ¡A leer! Read the following advertisement and then search the Web for similar products for comparison. What are the advantages of this one as opposed to others? And what do others have to offer that this one does not?

La Zípica

Son pequeños reproductores de música que caben en una mano y te permiten bajar tus canciones favoritas de Internet y escucharlas. Con estos aparatos también puedes copiar canciones de tus propios discos compactos. Es la forma más compacta y accesible de obtener música en este momento. Los reproductores permiten grabar hasta 70 minutos de audio digital en un disco de 40MB. Tienen un sistema antisaltos que te ayuda a no perder ni un segundo de música. Tienen funciones para avanzar y retroceder que te permiten obtener acceso instantáneo a tus canciones preferidas. Y aunque no lo creas, tienen un ecualizador programable.

11-21. ¡A escribir! You are planning on creating your own Web page and need to start with ideas. Make an outline of the information you want to include and then choose one topic and write the text pertaining to it in Spanish.

_____

_____

_____

_____

_____

_____

_____

_____

_____

_____

11-22. ¡A buscar! In order to understand the business of Web design and hosting, visit the Web site *www.tusprofesionales.net/profesionales/*. When you click on *dominios, hosting,* or *alta en buscadores,* you will gain a greater understanding of the technology and the Spanish involved.

11-23. Nota cultural.

When operating on the World Wide Web, keep in mind that languages are very dynamic. In this era of rapid development, technology often moves faster than the language we use to describe it. If you are preparing something like a Web page or translating material from the Web for a client, it is important to know your audience. For whom is the material intended? Once you know your client, you can use the Internet to find specific terminology pertaining to a geographic region. For example, should you use *mouse* or *ratón?* It depends on which term is more universally accepted in the region for which you are writing.

Repaso II

Lección 7: *Las Finanzas*

12-1. Las transacciones. Give the Spanish phrase or a definition of the following expressions.

Modelo: máquina donde se pueden hacer transacciones bancarias
Respuesta: *cajero automático*

1. Una representación de dinero en papel que se puede usar en otros países es un _____

2. Una cuenta especial que gana interés sobre la cantidad invertida es un _____ .
Hay que dejar el dinero en la cuenta por un tiempo específico.

3. Un lugar en el banco donde se pueden guardar joyas, documentos importantes y otras cosas de valor es una
_____ .

4. Lo que queda en la cuenta después de ingresar y sacar dinero es el _____ .

5. Cuando una persona pasa dinero de una cuenta a otra, esto es el acto de _____
dinero.

6. El porcentaje de interés que Ud. gana en su cuenta de ahorros es la _____ de
interés.

12-2. ¿Qué se puede hacer en el banco? Many commercial activities take place in a bank. Make a list of at least five things people can do in a bank, using the impersonal **se.**

Modelo: *Se saca dinero de la cuenta corriente.*

_____

_____

_____

_____

_____

_____

12-3. ¿Qué se hace. . .?   Give a list of the steps taken to get a credit card in your name. Use the impersonal **se** to create your responses.

Modelo: conseguir una solicitud
   Se consigue una solicitud.

1. llenar la solicitud _____

2. escribir la fecha en la solicitud _____

3. firmar la solicitud _____

4. resolver los problemas de crédito _____

5. pagar las cuentas a tiempo _____

6. mantener copias de las cuentas _____

7. hacer una llamada telefónica antes del primer uso _____

8. comprar algo bonito _____

12-4. Isabel es muy rápida.   Your colleague Isabel is always one step ahead of you at work. When you tell her something that you are going to do, she tells you that she has just finished doing it.

Modelo: Ud.: Pienso hacer una llamada.
   Isabel: Acabo de hacer una llamada.

1. Ud.: Voy a depositar los cheques.

_____

2. Ud.: Necesito sacar dinero de la cuenta corriente.

_____

3. Ud.: Debo buscar una buena tasa de interés.

_____

4. Ud.: Quiero solicitar una tarjeta ATM/débito.

_____

5. Ud.: Pienso comprar acciones de IBM.

_____

6. Ud.: Voy a consultar al corredor de acciones.

_____

12-5. El significado. Give the Spanish definition for the following terms.

Modelo: heredar
recibir algo material de una persona que está muerta

1. la bancarrota _____

2. saldar la deuda _____

3. las acciones de la Bolsa _____

4. la planilla _____

5. los ingresos _____

6. el fondo mutuo _____

7. el sueldo tributable _____

8. el reembolso _____

9. la contabilidad _____

10. la extensión _____

12-6. Los gustos. The following is a list of people and their circumstances. State whether they like or do not like them.

Modelo: Uds./declararse en bancarrota
A ustedes no les gusta declararse en bancarrota.

1. nosotros/ganar interés en la cuenta de ahorros

_____

2. yo/perder dinero en la Bolsa de valores

_____

3. los trabajadores/pagar muchos impuestos

_____

4. tú/multas altas

_____

5. Uds./recibir un reembolso del IRS

_____

6. Sr. Alonzo/las deudas

_____

7. nosotros/deberle dinero al IRS

_____

8. los contadores/ la información incompleta

_____

Lección 8:   La industria y la producción

12-7. Los sinónimos.   Match the synonym from column B to its partner in column A.

A   B

1. la huelga _____   **a.** la fábrica

2. el sindicato _____   **b.** la oficina médica

3. la gerencia _____   **c.** la educación

4. el supervisor _____   **d.** la seguridad

5. la planta _____   **e.** el paro

6. la capacitación _____   **f.** la administración

7. la protección _____   **g.** el jefe

8. la clínica _____   **h.** la unión

12-8. Mi hermanito es diferente.   You and your sister do things the same way every day, but your little brother is different. Describe your daily routine and your little brother's daily routine.

Modelo: mi hermana y yo/despertarse a las siete
        Pero mi hermanito. . .
        Mi hermana y yo nos despertamos a las siete.
        Pero mi hermanito se despierta a las ocho.

1. mi hermana y yo/levantarse a las ocho

Pero mi hermanito. . .

_____

_____

2. mi hermana y yo/ducharse con agua caliente

Pero mi hermanito. . .

_____

_____

3. mi hermana y yo/peinarse en el baño

Pero mi hermanito. . .

_____

_____

4. mi hermana y yo/vestirse de ropa informal

Pero mi hermanito. . .

_____

_____

5. mi hermana y yo/irse a las diez

Pero mi hermanito. . .

_____

_____

6. mi hermana y yo/divertirse en las clases

Pero mi hermanito. . .

_____

_____

7. mi hermana y yo/quitarse los zapatos antes de dormir

Pero mi hermanito. . .

_____

_____

8. mi hermana y yo/acostarse temprano

Pero mi hermanito. . .

_____

_____

12-9. ¿Saber o conocer?   Fill in the blanks with the correctly conjugated form of either **saber** or **conocer**.

Yo (1) _____ al dueño de un restaurante elegante muy popular en Asunción. El dueño

(2) _____ mucho de negocios y también (3) _____ a un chef ejecutivo muy bueno. El

chef (4) _____ preparar unas recetas muy buenas para muchos gustos gastronómicos. Yo

(5) _____ que el chef es bueno y que me va a gustar la comida del restaurante. Los cocineros no

(6) _____ cocinar bien y necesitan clases de capacitación antes de empezar. El chef

(7) _____ a un entrenador muy bueno que les va a dar clases. Entonces los cocineros van a

(8) _____ cocinar bien.

12-10. ¿Qué hacemos? Young members of a 4-H club are visiting a cotton farm to learn about the crop. Answer their questions by using the command form and a direct object pronoun.

Modelo: ¿Traemos agua para beber cuando trabajamos?
Sí, tráiganla.

1. ¿Recogemos la información del almanaque? _____

2. ¿Miramos el pronóstico del tiempo todas las noches? _____

3. ¿Regamos las semillas? _____

4. ¿Abonamos las plantas? _____

5. ¿Protegemos el medio ambiente? _____

6. ¿Hacemos un presupuesto al principio del año? _____

7. ¿Conducimos el tractor? _____

8. ¿Cosechamos el algodón? _____

Lección 9: *El comercio global*

12-11. Los sinónimos. Give a Spanish synonym for the following expressions.

Modelo: fábrica—*maquiladora*

1. la acción de conectar piezas _____

2. el impuesto aduanero _____

3. las piezas _____

4. el recibo detallado _____

5. chequear _____

6. transferir _____

7. las reglas laborales _____

8. investigar _____

12-12. El subjuntivo.　　Fill in the blanks with the correctly conjugated form of the verb in parentheses, using the present subjunctive.

I. Los supervisores quieren que los chóferes _____ (cargar) la mercancía en contenedores.

2. Yo prefiero que Uds. _____ (poner) la cotización en la factura.

3. Los trabajadores insisten en que el supervisor les _____ (dar) su descanso.

4. Nos alegramos de que ellos _____ (ir) a construir otra maquiladora.

5. El chófer teme que el aduanero no _____ (aceptar) sus documentos.

6. El gobierno insiste en que los aduaneros _____ (revisar) los papeles.

7. Temo que el gobierno _____ (investigar) la contabilidad de la compañía.

8. Los supervisores quieren que la mercancía _____ (llegar) a tiempo.

12-13. Los derechos de los trabajadores.　　In Chapter 9 you wrote about what supervisors want their workers to do. Now write five sentences stating what the workers prefer that management do for them.

Modelo: *Los trabajadores prefieren que la gerencia les dé dos descansos.*

_____

_____

_____

_____

_____

_____

_____

_____

_____

12-14. Los medios de transporte.　　Under each of the following headings, write three things that are related.

Transporte terrestre	Transporte aéreo	Transporte marítimo
_____	_____	_____
_____	_____	_____
_____	_____	_____

12-15. La inmigración. You are a consultant for companies doing business overseas. Respond to the following questions according to the cues given.

Modelo: ¿Necesitamos más de ciento cincuenta dólares para conseguir un pasaporte?.
Dudo que...
Dudo que necesiten más de ciento cincuenta dólares para conseguir un pasaporte.

1. ¿Paso por la aduana rápidamente?

No creo que...

_____

2. ¿Hacemos todos los trámites en una oficina?

Dudo que...

_____

3. ¿Consigo una visa?

Recomiendo que...

_____

4. ¿Declaramos todo en la aduana?

Les aconsejo que...

_____

5. ¿Llego temprano al aeropuerto?

Le sugiero que...

_____

6. ¿Llevo una carta de crédito para hacer la transacción?

Recomiendo que...

_____

7. ¿Buscamos un banco comercial en el otro país también?

Les sugiero que...

_____

8. ¿Aprendemos algo de la otra cultura?

Es importante que...

_____

Lección 10: *El papel del gobierno*

12-16. El gobierno. Give the Spanish words that fit the following definitions.

Modelo: El sistema político de un país es el _____ .
gobierno

1. El senado y la cámara de representantes forman el _____ .

2. Las doce personas que toman la decisión en un tribunal forman un _____ .

3. La _____ es el conjunto de leyes de un país.

4. Un grupo de personas que se reúnen para hacer una investigación política forman un _____ .

5. Hacer _____ es una forma de engañar a otras personas o al gobierno.

6. Un contador que se dedica a examinar las cuentas es un _____ .

12-17. ¿Qué hizo el año pasado? You are a very busy congressional representative who has had a busy year. List some of your accomplishments.

Modelo: asistir a muchas reuniones
Asistí a muchas reuniones.

1. hablar con los constituyentes _____

2. aprobar leyes en el Congreso _____

3. escuchar un debate sobre contabilidad _____

4. empezar un comité nuevo _____

5. investigar un caso de fraude _____

6. dar varias recepciones _____

7. leer muchos informes _____

8. hacer un presupuesto _____

12-18. En la capital. Washington, D.C. is a very busy city. Explain what the following people did on a very busy day.

Modelo: yo/salir de casa a las siete y media
Salí de casa a las siete y media.

1. el interno/llegar al bufete a las ocho _____

2. el senador Jones/ir a una audiencia a las nueve _____

3. los cabilderos/hablar por teléfono por la mañana _____

4. los constituyentes y yo/almorzar con unos senadores _____

5. Ud./hacer una reservación para un viaje _____

6. yo/sacar fondos del banco _____

7. el chófer/poner el portafolios en la cajuela del auto _____

8. los representantes/conducir al aeropuerto _____

12-19. ¿Cuánto tiempo hace que. . .? Your colleague María has done a lot of volunteer work in the last few years. Write a sentence stating how long ago she did each of the following things.

Modelo: ayudar a construir una casa
Hace un año ayudó a construir una casa.

1. servir comida en la iglesia

_____

2. pedir fondos para la Cruz Roja

_____

3. dormir en una tienda de campaña

_____

4. conseguir donativos para las víctimas

_____

5. seguir las instrucciones de los bomberos (*firemen*)

_____

6. repetir los buenos puntos de la causa

_____

7. vestirse para trabajar afuera

_____

8. hacer una lista de necesidades

_____

12-20. Los voluntarios. Explain what a group of volunteers did, using the cues provided.

Modelo: recaudar fondos
Recaudaron fondos.

1. pedir ayuda para las víctimas de la catástrofe _____

2. hacer planes para visitar a una familia sin comida _____

3. buscar fondos para comprar la comida _____

4. conducir el camión para entregar la comida _____

5. servir comida _____

6. repetir sus acciones varias veces _____

7. traer muebles al almacén _____

8. traducir para los que no hablaban inglés _____

12-21. El significado. Give definitions in Spanish for the following terms.

Modelo: el calentamiento global

La subida gradual de la temperatura en la tierra es el calentamiento global.

1. la inundación _____

2. la sequía _____

3. el efecto invernadero _____

4. los glaciares _____

5. la selva _____

6. el desierto _____

7. la capa de ozono _____

8. la contaminación del aire _____

Lección 11: *El mundo de la tecnologia*

12-22. La tecnología. Complete the following sentences with the appropriate Spanish term.

Modelo: La persona que trata de cobrar las cuentas no pagadas es un _____.

recaudador de cuentas

1. Lo primero que vemos en un sitio web de una empresa o de un individuo es la

_____ .

2. Crear un sitio en la Red es _____ el sitio.

3. Los finales de las direcciones de la Red que empiezan con un punto son las _____ .

4. Las direcciones de sitios que te llevan a otros lugares conectados con el tema son los

_____ .

5. Cuando Ud. almacena sus compras electrónicas, las pone en el _____ .

6. Cuando Ud. quiere buscar información en Internet generalmente usa un _____ .

12-23. Los hábitos. In your previous job you worked a lot with computers and technology. Write at least five sentences stating the things you used to do at work. Use the imperfect tense.

Modelo: *Yo siempre buscaba información usando Yahoo.*

_____

_____

_____

_____

_____

_____

_____

_____

_____

12-24. ¿Qué hacían Uds.? You were at the office, and all the electricity went out. Describe what you and your colleagues were doing at the moment it went off.

Modelo: Julia/conversar con una amiga.
  Julia conversaba con una amiga.

1. el cartero/entregar el correo

_____

2. yo/investigar una compañía rival

_____

3. los asistentes/recibir llamadas de los clientes

_____

4. nosotros/ir a otra oficina

_____

5. Uds./volver del descanso

_____

6. la secretaria/pedirle ayuda al técnico

_____

7. tú/beber un café

_____

8. mi jefe/abrir su computadora portátil

_____

12-25. Ayer en la oficina. Fill in the blanks with the correct form of the verb in parentheses, using either the preterite or the imperfect tense.

Ayer yo (1) _____ (llegar) a la oficina un poco tarde. No me (2) _____ (sentir) bien y

(3) _____ (tener) dolor de cabeza. Mi colega me (4) _____ (decir) que yo

(5) _____ (necesitar) volver a casa. Pero yo (6) _____ (decidir) quedarme en la oficina.

(7) _____ (ser) un día bastante ocupado. Cuando yo (8) _____ (entrar) en la oficina, la

secretaria (9) _____ (escribir) el informe, el agente (10) _____ (dar) cotizaciones y los

representantes del servicio al cliente (11) _____ (contestar) las llamadas. Yo (12) _____

(empezar) a arreglar el trabajo para el día. Pero de repente (13) _____ (escuchar) un ruido.

(14) _____ (salir) de mi oficina para investigar. Cuando yo (15) _____ (entrar) en la sala

de espera, ¡(16) _____ (ver) algo horrible! Un cliente (17) _____ (estar) en el piso. Yo

(18) _____ (correr) para ayudarlo. El cliente me (19) _____ (decir) que

(20) _____ (estar) bien. ¡Él se (21) _____ (caer) de la silla!

Apéndices

1 Glosario de la banca

account	la cuenta
account balance	el saldo
auditor	el interventor, el auditor
bad check	el cheque sin fondo
bank	el banco
banker	el banquero
bearer	el portador
bill	el billete
bounced	rechazado, rebotado
branch	la sucursal
business day	el día hábil
to cash	cobrar
cash ratio, liquidity ratio	el coeficiente de caja
clearinghouse	la cámara de compensación
code	el código
counterfeited	falsificado (or falso)
debit	el débito
to deposit	depositar
deposit	el depósito
devaluation	la devaluación
due date	la fecha de vencimiento
electronic transfer of funds (ETF)	la transferencia electrónica de fondos
to endorse	endosar
entity	la entidad
exchange rate	la tasa de cambio
to fix	fijar
foreign currency	las divisas
funds	los fondos
to guarantee	garantizar
to issue	emitir
legal representative	el apoderado
to loan	prestar
loan	el préstamo
monetary	monetario
overstatement	la sobrevaloración
payable	pagadero
portfolio	la cartera
time deposit	el déposito a largo plazo
to transfer	hacer un giro
window	la ventanilla
to withdraw	retirar, sacar

2 Glosario del comercio internacional

barrier	la barrera
barter	el trueque
bill of lading	el conocimiento de embarque
bribe	el soborno
buying and selling	la compraventa
by air	por vía aérea
by sea	por vía marítima
clause	la cláusula
collection of money	el cobro
commercial letter	la carta comercial
to confiscate	confiscar
consignee	el consignatario
contraband	el contrabando
customs office	el despacho aduanero
customs officer	el aduanero
to declare	declarar
departure	la salida
to depart	despegar
to detail	detallar
distribution network	la red de distribución
dock; loading bay	el muelle
duty	el impuesto, derecho
to entrust	encomendar
to escort	escoltar
export	la exportación
to finance	financiar
foreign trade	el comercio exterior
freight	el flete
fund	el fondo
imports	la importación
interchange	el intercambio
invoice, bill	la factura
irrevocable	irrevocable
to issue	expedir
issuing bank	el banco emisor
lucrative	lucrativo/a
notifying bank	el banco notificador
origin	el origen
to penalize	penalizar
port	el puerto
procedure	el trámite, procedimiento
promissory note	el pagaré
provisional	provisional

rights	los derechos
seizure	la incautación
to ship	fletar, embarcar, remitir
supporting document	el comprobante
terminal	el terminal
terms	los términos
traffic	el tráfico
to transmit	transmitir
transportation	el transporte
treaty	el tratado, el acuerdo
to unload	descargar
weight	el peso

3 Glosario de la contabilidad/la contaduría

accounting balance	el balance de cuentas
accounts payable	las cuentas a pagar
accounts receivable	las cuentas a cobrar
to accrue	acumular
adjustment	el ajuste
amortization, depreciation	la amortización, depreciación
annual report	el informe anual
assets	los activos
auditing	la auditoría
account balance	el saldo
automated	automático/a
to balance	saldar
balance (account)	el saldo, balance
bookkeeping	la contaduría/contabilidad
to cancel	cancelar
capital expenditure	el gasto a capital
capital stock	el capital social
cash flow	el flujo de efectivo
charge	el cargo
closing balance	el balance final, el saldo de cierre
closing entry	el asiento de cierre
credit side	el haber
creditor	el acreedor
current asset	el activo circulante
debit	el débito
debit	el deber
debit entry	el adeudo
dividend	el dividendo
double entry	la partida doble
drawing	el retiro de fondo
durable	duradero/a
entry in the books	la anotación/el apunte
to falsify	falsificar
fiscal	fiscal

funds statement	el cuadro de financiación
income	los ingresos
income statement	el estado de ganancias y pérdidas
intangible	intangible
internal controls	los controles internos
journal	el libro diario
journal entry	el asiento
to keep up to date	llevar al día
liability	el pasivo, las obligaciones
losses	las pérdidas
net worth, equity	el patrimonio neto
to post	asentar en el libro mayor
prepaid	pagado por adelantado
properties	los bienes
principal	el capital, principal
quarter	el trimestre
rent	el alquiler
reserve	la reserva
return	el rendimiento
to reverse	invertir
segregation of duties	la segregación de las responsabilidades
semester	el semestre
standardization	la estandarización
suppliers	los proveedores
supply	la provisión
tangible	tangible
treasury stocks	las acciones de Tesorería
to transfer	traspasar, pasar
trial balance	el balance de comprobación de saldos
unearned income	el rendimiento de capital
valuation techniques	las normas de la valoración
variable	variable
wealth	la riqueza, el patrimonio
weighted average	el promedio ponderado

4 Glosario del equipo de oficina

account book	la agenda de caja
adhesive tape	la cinta adhesiva
appointment book	la agenda
ballpoint pen	el bolígrafo
bookends	los sujetalibros
calculator	la calculadora
carbon paper	el papel carbón
clip	la pinza
clipboard	la tabla con broche de presión
copier	la fotocopiadora
correction fluid	el corrector líquido

correction paper	el papel corrector
desk	el escritorio
desk calendar	el calendario de escritorio
desk tray	la bandeja de correspondencia
dividers	los divisores
equipment	el equipo
eraser	el borrador, goma de borrar
eraser holder	el portaborrador
expanding file	el archivo acordeón
fax machine	el fax
file cabinet	el archivo
folder	la carpeta de archivos
fountain pen	la estilográfica
glue	la plasticola, el pegamento
glue stick	el lápiz adhesivo
hanging file	el archivador colgante
highlighter pen	el destacador
hole puncher	la perforadora
index cards	las fichas
ink	la tinta
labels	las etiquetas
letter opener	el abrecartas
marker	el marcador/rotulador
mechanical pencil	el lapicero
memo pad	la libreta
moistener	la rueda humedecedora
notebook	el cuaderno
paper clip	el sujetapapeles
paper fasteners	las tachuelas para papel
paper punch	la perforadora
pen	el bolígrafo, la pluma
pencil	el lápiz
pencil sharpener	el sacapuntas
photocopier	la fotocopiadora
printer	la impresora
projector	el proyector
refill	el repuesto, recambio
ring binder	la carpeta de argollas
rotary file	el fichero giratorio
scissors	las tijeras
seal, rubber stamp	el sello
shredder	la trituradora
staple remover	las uñas
stapler	la engrapadora
staples	las grapas
stick eraser	el lápiz borrador
tab	el indicador
thumb tacks	las chinchetas
typewriter	la máquina de escribir

5 Glosario de las finanzas

adjustment	el ajuste
bonds	los bonos
break-even point	el umbral de rentabilidad
budget	el presupuesto
capitalization	la capitalización
collateral	el colateral
common	común, corriente
delay	la tardanza, la demora
discount	el descuento
dividends	los dividendos
easy credit	el crédito blando
equity	los fondos propios
to exhaust	agotar
extraordinary profit	el beneficio extraordinario
to finance	financiar
financial report	el reporte financiero
to go public	salir a la bolsa
initial public offering	la oferta inicial de acciones
liquidity	la liquidez
margin	el margen
out of balance	desproporcionado/a
outside financing	los recursos ajenos
premium	la prima
preferred	preferido/a
profit	la ganancia
red tape	el trámite burocrático
reserves	las reservas
restriction	la restricción
restructuring	la reestructuración
revenues	los ingresos
risk	el riesgo
self-financing	la autofinanciación
solvent	solvente
statutory	estatutario
temporary	transitorio/a, temporal
trade credit	el crédito comercial
to underwrite	garantizar la colocación de la emisión, suscribir
underwriter	el suscriptor

6 Glosario de los Incotérminos

ExWorks (EXW)	En Fábrica (EXW)
Free Carrier (FCA)	Franco Transportista (FCA)
Cost and Freight (CFR)	Costo y Flete (CFR)
Carriage Paid To (CPT)	Transporte Pagado Hasta (CPT)
Delivered at Frontier (DAF)	Entregado en Frontera (DAF)

Delivered Ex-Quay (DQ)	Entregado en Muelle (DQ)
Delivered Duty Paid (DDP)	Entregado, Derechos Pagados (DDP)
Free Alongside Ship (FAS)	Franco al Costado del Buque (FAS)
Free on Board (FOB)	Franco a Bordo (FOB)
Cost, Insurance & Freight (CIF)	Costo, Seguro y Flete (CIF)
Carriage & Insurance Paid To (CIP)	Transporte y Seguro Pagados Hasta (CIP)
Delivered Ex-Ship (DES)	Entrega Sobre Buque (DES)
Delivered Duty Unpaid (DDU)	Entregado Derechos no Pagados (DDU)

7 Glosario de las inversiones y la Bolsa de valores

account	la cuenta
acid test	la prueba decisiva
annuity based on real estate	la renta de bienes raíces
arbitrage	el arbitraje
asked price	el precio inicial
asset management	la administración de bienes
to bargain	negociar
bearer bond	el bono al portador
bellwether	el indicador
beneficiary	el beneficiario
benefit purchase plan	el plan de compra de beneficio
block	el bloque
blue chip	acción de empresa de primera línea
bond	el bono
bond assurance	la garantía de bono
broker	el corredor
brokerage	la empresa de corretaje
bull market	el mercado alcista
call option	la opción de compra
callable stock	la acción con opción de retiro
capital gains	la plusvalía sobre los capitales
certificate	el certificado
certified financial planner	el planificador certificado de finanzas
closing	el cierre
coins	las monedas
collectible	coleccionable
commercial bond	el bono comercial

commercial paper	el documento comercial
commodities market	el mercado de materias primas
compounding	compuesto
consumer price index	el índice de precios al consumidor
convertible	convertible
cost of living	el costo de vida
coupon bond	el vale
deferred	diferido/a
discount	el descuento
diversification	la diversificación
estate planning	el planeamiento de propiedades
Federal Deposit Insurance (FDIC)	el seguro federal de depósito
federated investors	los inversores federados
fluctuation	la fluctuación, variación
futures	los futuros
high yield	el alto rendimiento
holder	el titular
individual retirement plan	el plan de jubilación individual
insured	asegurado
joint	conjunto/a
life expectancy	la expectativa de vida
low yield	el bajo rendimiento
market index	el índice bursátil
mining stocks	las acciones de minería
money market account	la cuenta de mercado monetario
municipal bond	el bono municipal
mutual fund	el fondo común de inversión
non-qualified	no cualificado/a
options	las opciones
over the counter (OTC)	negociado fuera de la Bolsa
penny stocks	las acciones de centavos
premature withdrawal	el retiro prematuro
put option	la opción de venta
rating	la valorización
real estate	los bienes raíces
recovery	la recuperación
registered	registrado/a
retirement plan	el plan de jubilación
revenue	el ingreso
reverse mortgage	la hipoteca reversa
rollover	el refinanciamiento
securities	los valores
tax free	libre de impuestos
treasury	la tesorería

treasury bills (short-term)	las letras de tesorería
treasury bond	el bono de tesorería
treasury notes (long-term)	los pagarés de tesorería
trend	la tendencia
trust fund	el fondo fiduciario, de fideicomiso
venture capital	el capital de riesgo
volume	el volumen

8 Glosario de los negocios

active partner	el socio industrial
association	la asociación
business person	el comerciante
business related	empresarial
commercial law	el derecho mercantil
corporation	la sociedad anónima (S.A.)
entrepreneur	el empresario/ la empresaria
finance company	la sociedad financiera
foundation	la fundación
general partner	el socio colectivo, socio general
general partnership	la sociedad civil, la sociedad colectiva
holdings	las propiedades
investor	el inversor
joint venture	la empresa conjunta
limited liability corporation	la sociedad de responsabilidad limitada
limited partnership	la sociedad comanditaria
managing partner	el gestor administrativo
mutual insurance company	la mutualidad de seguros
non-profit	sin fines de lucro
non-taxable	no gravable
parent company	la sociedad matriz
partner	el socio
partnership limited by shares	la sociedad comanditaria por acciones
private	privado/a
real estate company	la inmobiliaria
sole proprietorship	la sociedad unipersonal
state corporation	la sociedad estatal
state owned	público, estatal
subsidiary	el subsidiario, la sociedad filial
trading company	la sociedad mercantil

Pesos, medidas y temperatura

medida	measures
centimeter	el centímetro
foot	el pie
inch	la pulgada
kilometer	el kilómetro
meter	el metro
mile	la milla
millimeter	el milímetro
yard	la yarda

U.S. to Metric

1 pulgada = 2,54 centímetros

1 pie = 30,48 centímetros

1 yarda = 0,9144 metro

1 milla = 1,609 kilómetros

Metric to U.S.

1 milímetro = .03937 pulgadas

1 centímetro = .3937 pulgadas

1 metro = 39,37 pulgadas

1 kilómetro = 0,6214 millas

weight	peso
gram	el gramo
kilogram	el kilogramo
metric ton	la tonelada métrica
ounce	la onza
pound	la libra
ton	la tonelada

U.S. to Metric

1 onza = 28,35 gramos

1 libra = 0,454 kilogramo

1 tonelada = 0,907 tonelada métrica

Metric to U.S.

1 gramo = 0,03527 onzas

100 gramos = 3,527 onzas

1 kilogramo = 2,2 libras

liquid measure	medidas líquidas
gallon	el galón
liter	el litro
milliliter	el mililitro
pint	la pinta
quart	el cuarto

U.S. to Metric

1 pinta = 0,473 litro
1 cuarto = 0,946 litro
1 galón = 3,785 litros

Metric to U.S.

1 litro = 1,0567 cuartos de galón
1 mililitro = 0,0338 onza

surface	la superficie
acre	el acre
hectare	la hectárea
square meter	el metro cuadrado
square yard	la yarda cuadrada

U.S. to Metric

1 acre = 0,405 hectáreas
1 yarda cuadrada = 0,836 centímetro cuadrado

Metric to U.S.

1 hectárea = 2,471 acres
1 metro cuadrado = 1,196 yardas cuadradas

Temperatura

°C = Celsius o centígrados
°F = Fahrenheit
0°C = 32° F (freezing point of water) (punto de congelación del agua)
37° C = 98.6° F (normal body temperature) (temperatura corporal normal)
100° C = 212° F (boiling point of water) (punto de ebullición del agua)
To convert Fahrenheit to Centigrade... Para convertir de Fahrenheit a centígrados: °C = 5/9 × (°F−32°)
To convert Centigrade to Fahrenheit... Para convertir de centígrados a Fahrenheit: °F = 9/5 × (°C) + 32°

Términos postales

air waybill	la guía aérea
article	el artículo
bill receiver	facturar al destinatario
bill shipper	facturar al remitente
bill third person	facturar a tercero
bubble paper	el plástico con cápsulas de aire (burbujas)
check	el cheque
COD	la entrega contra reembolso; el cobro en destino
customer service	el servicio al cliente
declared value	el valor declarado
delivery	la entrega
depth	la profundidad
express mail delivery	el servicio postal expreso
express document service	el servicio expreso de documentos
express international service	el servicio expreso internacional
height	la altura
insured mail	el envío con valor declarado
invoice	la factura
label	la etiqueta
length	el largo
loss	la pérdida
packaging	el embalaje
perishables	los productos perecederos
prepayment	el prepago
proof of delivery	la prueba de entrega
reference number	el número de referencia
Saturday delivery	entrega de paquetes los sábados
Saturday pick-up	recogida de paquetes los sábados
second-day air	el servicio de dos días
shipment	el envío
size	el tamaño
styrofoam peanuts	los maníes de poliestireno
tracking	el rastreo
weight	el peso
width	la anchura

Las cartas comerciales

1. Letterhead—*el membrete*

The letterhead contains the complete name and address of the company, telephone, and any additional information such as fax numbers.

IBARRA Y CÍA.
Teniente Gini, 232
Asunción, Paraguay
Teléfono: 32-68-54
Fax: 32-65-55

2. Date—*la fecha*

The date is written in one of several ways in Spanish.

23 de julio de 20_____
22 marzo, 20_____
agosto 3 de 20_____
agosto 3, 20_____

3. Recipient—*el destinatario*

This section includes the information of the person or company to whom the letter is written. If it is addressed to an individual, a title should be used preceding his/her name. If there is a Zip code, it is usually placed before or after the city name.

Ingeniero Carlos Santander
Avenida Simón Bolívar, 486
Caracas 1011, Venezuela

4. Reference line—*la línea de atención or asunto*

It is more common to address the letter to an individual; however, if an attention line is used, it is placed below the recipient's address and it includes the title, if known.

Atención: Sra. María Isabel de Acosta, Gerente de ventas

5. Salutation—*el saludo*

This phrase begins the letter and is usually followed by a colon. Some common salutations for business letters are as follows.

Estimado Sr. Trujillo:
Estimada señora Rodríguez:
Apreciada señorita López:
Muy señor(es) mío(s):
Distinguido amigo nuestro:
Señor(es):
A quien corresponda: (to whom it may concern)

6. Reference—*la referencia*

The reference line is optional and is usually placed to the far right of the salutation or two lines below.

REF.: Cotización N°. _____
Ref.: Pedido del 4 de junio de 20_____

7. Body—*el texto o el cuerpo de la carta*

The text of the letter usually begins with a sentence stating the purpose of the letter. It should be clear and also polite.

Me es grato comunicarle que. . .	I am pleased to inform you that. . .
Nos complace comunicarle que. . .	We are pleased to inform you that. . .
La presente tiene por objeto. . .	The purpose of this letter. . .
Acuso recibo de su atenta carta del. . .	I acknowledge receipt of your letter dated. . .
En respuesta a su atenta carta de. . .	In reponse to your letter dated. . .
Adjunto enviamos. . .	Enclosed please find. . .
Siento informarle que. . .	I am sorry to inform you that. . .

8. Closing—*la despedida*

These expressions are used to close the letter. It can be part of the end of the letter or separated from the last paragraph.

Atentamente,
Sinceramente,
Cordialmente,
Quedamos a sus órdenes,
Le saluda atentamente,

9. Company name—*la antefirma*

The company's name is written in capital letters after the closing.

IBARRA Y CÍA.

10. Signature—*la firma*

The sender's signature is placed three or four spaces below the company's name, allowing space for the actual signature. The individual's name is usually followed by his/her title.

Margarita Olivera
Gerente de ventas

11. Enclosure—*el anexo*

If documents are included with the letter, the term *anexo(s)* or *adjunto(s)* is written at the end of the letter.

Anexo: catálogo
Adjunto: factura

12. Initials—*las iniciales*

The sender's initials are capitalized, followed by the typist's initials in lowercase. They are separated by a forward slash.
MO/baw

13. Postscript—*postdata*

A postscript may be included for emphasis or omission. Its use is not recommended in a business letter.

P.D. Acabamos de recibir el contrato por correo.

IMELDA'S IMPORTS
795 Dogwood Ave.
New Orleans, Louisiana 70119
Tel: (504) 482–1972 Fax: (504) 482–3113

18 de marzo de 20 _____

LATSANIA EXPORTS
1001 Business Boulevard
Houston, Texas 77004

Muy señores míos:

Estoy interesada en vender artesanía de todas partes de América Latina en mi tienda en New Orleans y también por catálogo e Internet. Busco un proveedor de mercancía con quien pueda establecer relaciones comerciales duraderas.

Como tengo entendido, su empresa compra y vende las artesanías de alta calidad de toda América Latina. Sé que ofrece precios muy competitivos por los textiles. Le agradezco me indique los precios de los siguientes productos, el costo de los seguros y flete y cualquier otro costo que sea aplicable.

 10 huipiles variados

 10 suéteres a base de huipil

 20 mantas

Además de las cotizaciones, tengo entendido que manda muestras de las telas. Me gustaría recibir las muestras y cualquier información pertinente sobre los productos que ofrece, los precios mayoristas y las condiciones de pago.

En espera de recibir las cotizaciones y las muestras tan pronto como sea posible, me despido de Uds. muy atentamente,

IMELDA'S IMPORTS

Imelda Verano

Imelda Verano
Dueña

Carta de cotización

LATSANIA EXPORTS
1001 Business Boulevard
Houston, Texas 77004
Tel: (281) 333-4723 Fax: (281) 333-8888

25 de marzo de 20 _____

Srta. Imelda Verano
Dueña
IMELDA'S IMPORTS
795 Dogwood Avenue
New Orleans, Louisiana 70119

Estimada señorita Verano:

Acusamos recibo de su atenta carta del 18 del presente y queremos agredecerle el interés que ha mostrado por nuestros productos.

Con mucho gusto le cotizamos a continuación los precios de la mercancía que solicitó. Cada huipil viene con una descripción de la región donde se hace y una explicación del diseño.

Cantidad	Descripción	Precio/Unidad	Total
10	huipiles variados	$50.00	$500.00
10	suéteres con huipil	$65.00	$650.00
20	mantas	$35.00	$700.00
			$1,850.00

Adjuntamos los costos de seguro y flete y las condiciones de pago. Sentimos mucho avisarle de que ya no tenemos envíos de muestras de tela. Pero en el catálogo adjunto hay fotos en color de la mayoría de las mercancías que ofrecemos.

Le reiteramos de nuevo nuestro agradecimiento por su interés en nuestra mercancía y esperamos con anticipación su pedido.

Atentamente,

Guillermo González

LATSANIA EXPORTS
Guillermo González
Gerente de ventas

Adjunto: catálogo, lista de precios

Carta de pedido

IMELDA'S IMPORTS
795 Dogwood Ave.
New Orleans, Louisiana 70119
Tel: (504) 482–1972 Fax: (504) 482–3113

3 de abril de 20 _____

Guillermo González
Gerente de ventas
LATSANIA EXPORTS
1001 Business Boulevard
Houston, Texas 77004

Estimado Sr. González:

Con referencia a la carta de cotización del 25 de marzo del año corriente, le ruego me envíe la siguiente mercancía:

• 10 huipiles variados

• 10 suéteres con huipil

• 20 mantas

Le agradeceré que cargue los costos a la cuenta que abrí con Uds. por Internet y que mande la mercancía por UPS.

En espera de recibir el pedido con la mayor rapidez posible, quedo de Ud. atentamente,

IMELDA'S IMPORTS

Imelda Verano

Imelda Verano
Dueña

Documentos comerciales

El memorando

<table>
<tr><td>FECHA:</td><td>26 de noviembre de 20_____</td></tr>
<tr><td>DE:</td><td>Juanita Muñoz, Gerente general</td></tr>
<tr><td>PARA:</td><td>Cajeros/as de todas las sucursales</td></tr>
<tr><td>ASUNTO:</td><td>Capacitación de empleados</td></tr>
</table>

Por este medio se comunica que el 22 de enero del corriente, BancoTec ofrecerá una clase de capacitación profesional para todos nuestros cajeros/as. A partir del 22 de enero habrá una serie de cursos semanales hasta el 21 de febrero.

Les ofrecemos la oportunidad de participar en una serie interesante y educativa para su desarrollo profesional. Les rogamos se inscriban en estos cursos tan pronto como sea posible.

Adjunto incluimos un folleto con la información sobre el horario y los temas. El período de inscripción empieza el 28 de noviembre y termina el 2 de diciembre. Rogamos llamen a la extensión 1543 para obtener más información o para comunicar su deseo de asistir a los cursos.

El recibo

N°. _____   POR: $ _____

Recibí de _____

la cantidad de _____

por _____

el _____ de _____ de 20 _____

                              Firma: _____

El mensaje

Fecha: _____ Hora: _____

Para: Sr./Sra./Srta. _____

Sr./Sra./Srta. _____

Representando a: _____

Número de teléfono: _____

_____ Que Ud. llame

_____ Que le llamará de nuevo

_____ Es urgente

ASUNTO: _____

_____

_____

_____

Recibido por: _____ Tel: _____

La factura comercial

Factura Comercial

Exportador vendedor:

_____

_____

_____

_____

Destino final:

_____

_____

_____

_____

Destinatario intermedio:

_____

_____

_____

_____

Fecha:

_____

Número de orden de compra:

_____

Número de factura comercial:

_____

Teléfono del destinatario final:

_____

Transportista:

_____

Lugar y fecha de emisión de la factura:

_____

Número de orden de compra:

_____

Condiciones de venta:

_____

Número de factura proforma:

_____

Número de cuenta del cliente:

_____

Puerto de descarga:

_____

Último destino:

_____

Piezas:	Código de identificación de la mercancía:	Descripción de la mercancía:	Número de arancel aduanero:	Precio por/unidad:	Valor total en dólares americanos:
_____	_____	_____	_____	_____	_____
_____	_____	_____	_____	_____	_____
_____	_____	_____	_____	_____	_____
_____	_____	_____	_____	_____	_____
_____	_____	_____	_____	_____	_____
_____	_____	_____	_____	_____	_____
_____	_____	_____	_____	_____	_____
_____	_____	_____	_____	_____	_____

Declaro, despúes de prestar juramento, que el valor y las especificaciones de esta factura son verdaderos y correctos. ("I declare under oath that the value and specifications contained in this invoice are true and correct.")

Valor FOB: _____

Transporte terrestre: _____

Cargas de empaque: _____

Cargas consulares: _____

Transporte aéreo/marítimo: _____

Seguro: _____

Otros costos: _____

Total: _____

Firma del declarante: _____   Título: _____   Fecha: _____

Certificado de origen

<table>
<tr><td colspan="2">**Tratado de Libre Comercio de América del Norte**
Certificado de origen
Llenar a máquina o con letra de molde</td></tr>
<tr>
<td>1. Nombre y domicilio del exportador:

Número de registro fiscal:</td>
<td>2. Período que cubre:

DD MM AA   DD MM AA
De: __ / __ / __   __ / __ / __</td>
</tr>
<tr>
<td>3. Nombre y domicilio del productor:

Número de registro fiscal:</td>
<td>4. Nombre y domicilio del importador:

Número de registro fiscal:</td>
</tr>
</table>

5. Descripción del (los) bien(es)	6. Clasificación arancelaria	7. Criterio para trato preferencial	8. Productor	9. Costo neto	10. País de origen
_____	_____	_____	_____	_____	_____

Declaro que:

- la información contenida en este documento es verdadera y exacta, y me hago responsable de comprobar lo aquí declarado. Estoy consciente de que seré responsable por cualquier declaración falsa u omisión hecha en el presente documento o en relación con el mismo.

- Me comprometo a conservar y presentar, en caso de ser requeridos, los documentos necesarios que respalden el contenido del presente certificado, así como a notificar por escrito a todas las personas a quienes entregue el presente certificado, de cualquier cambio que pudiera afectar la exactitud o validez del mismo.

- Los bienes son originarios del territorio de una o más de las partes y cumplen con los requisitos que son aplicables conforme al Tratado de Libre Comercio de América del Norte, no han sido objeto de procesamiento ulterior o de cualquier otra operación fuera de los territories de las Partes, salvo en los casos permitidos en el artículo 411 o en el anexo 401.

Este certificado se compone de _____ hojas, incluyendo todos sus anexos.

11. Firma autorizada:	12. Empresa:	13. Nombre:
_____	_____	_____
_____	_____	_____
_____	_____	_____

14. Cargo:	15. Fecha: DD/MM/AA	16. Teléfono: _____
_____	_____ / _____ / _____	Fax: _____
_____		
_____		

Extracto de un conocimiento de embarque/The following is part of a bill of lading.

Conductor: pegue aquí la etiqueta con el número pro.

Driver affix pro number label here.

FECHA/DATE

N°. DE EMBARCADOR/SHIPPER'S NUMBER.

EMBARCADOR (ORIGEN)/SHIPPER (ORIGIN)

EMBARCADOR/SHIPPER NAME

DIRECCIÓN/ADDRESS

CIUDAD/CITY   ESTADO/STATE   CP/ZIP

TEL:

NOMBRE DEL AGENTE/BROKER'S NAME

AGENTE ADUANERO MEXICANO/MEXICAN
   CUSTOMS BROKER

DIRECCIÓN/ADDRESS

CIUDAD/CITY   ESTADO/STATE   CP/ZIP   TEL:

N°. DE ORDEN DE COMPRA/PO NUMBER

CONSIGNATORIO (DESTINO)/CONSIGNEE
   (DESTINATION)

CONSIGNATORIO/CONSIGNEE

DIRECCIÓN/ADDRESS

CIUDAD/CITY   ESTADO/STATE   CP/ZIP

TEL:

NOMBRE DEL AGENTE/BROKER'S NAME

AGENTE ADUANERO EN EEUU/US CUSTOMS
   BROKER

DIRECCIÓN/ADDRESS

CIUDAD/CITY   ESTADO/STATE   CP/ZIP   TEL:

INSTRUCCIONES ESPECIALES/SPECIAL INSTRUCTIONS

PIEZAS/PIECES MATERIALES PELIGROSOS/ HAZ MAT	TIPO DE EMPAQUE, DESCRIPCIÓN DE LOS ARTICULOS, MARCAS ESPECIALES Y EXCEPCIONES (Sujeto a corrección) LISTE LOS MATERIALES PELIGROSOS PRIMERO	KIND OF PACKAGING, DESCRIPTION OF ARTICLES, SPECIAL MARKS AND EXCEPTIONS (Subject to correction) LIST HAZARDOUS MATERIALS FIRST	PESO/WEIGHT KG/KG LBS/LBS

Answer Key

Para comenzar: ¡Por aquí, por favor!

P-1. Saludos.

1. Buenos días, señor López.   2. Buenas tardes, señorita Aguilar.   3. Buenas tardes, Leonora.
4. Buenas noches, señora Torres.

P-2. Una conversación.

se llama   llamo   gusto   El gusto es mío.
está   bien   Estoy   luego

P-3. Correspondencias.

1. a   2. b   3. c   4. b   5. b

P-4. ¿Qué número es?

1. f   2. c   3. h   4. i   5. a   6. e   7. b   8. g
9. j   10. d

P-5. Unas preguntitas.

1. Hay treinta días en septiembre.   2. Hay siete días en una semana.   3. Hay veinticuatro horas en un día.
4. Hay treinta minutos en media hora.   5. Hay (*answers will vary*).   6. Hay treinta y un días en diciembre.
7. Hay (*answers will vary*).   8. Hay un profesor/una profesora en la clase.

P-6. El señor Chamorro.

1. El señor Chamorro no trabaja los martes.   2. No, no trabaja el jueves, dieciocho de julio.   3. No, no trabaja el lunes, veintinueve de julio.   1. primero, ocho, quince, veintidós y el veintinueve   2. dos, nueve, dieciséis, veintitrés y el treinta   3. cinco, doce, diecinueve y el veintiséis

P-7. Un poco más personal.

Answers will vary.

P-8. ¿Qué fecha es hoy?

1. Hoy es el doce de febrero.   2. Hoy es el treinta y uno de diciembre.   3. Hoy es el primero de abril.
4. Hoy es el cuatro de julio.   5. Hoy es el once de noviembre.   6. Hoy es el diez de septiembre.   7. Hoy es el treinta de mayo.

P-9. A quien corresponda.

1. f   2. d   3. a   4. c   5. i   6. e   7. h   8. g
9. b

P-10. Los buenos modales.

1. Perdón.   2. Gracias.   3. No hay de qué.
4. Por favor.   5. Con permiso.

Lección 1: Una entrevista

1-1. ¡A llenar la solicitud!

a) Apellido(s): Mendoza   Nombre: Luisa   Dirección: calle Roma 144   Número de teléfono: 362-4875
Estado civil: soltera   Número de seguro social:
Edad: 33 años   Empleo solicitado: recepcionista
b) Apellido(s): Felici   Nombre: Miguel Antonio
Dirección: Villa Jimena 365   Número de teléfono: 363-7124   Estado civil: casado   Número de Seguro Social: Edad: Empleo solicitado: instructor
c) Apellido(s): Menendez   Nombre: Héctor
Dirección: calle Santander 923   Número de teléfono: 387-2371   Estado civil: Número de Seguro Social: Edad: 28 años   Empleo solicitado: secretario
d) Apellido(s): Alonso Vera   Nombre: Gabriela
Dirección: calle Teniente Santoni, número 14, apartamento 3   Número de teléfono: 362-1213
Estado civil: Número de Seguro Social: 365-78-1450
Edad: Empleo solicitado:

1-2. ¿Qué hora es?

1. Son las ocho y media de la mañana. *or* Son las ocho y treinta de la mañana.   2. Son las diez y cuarto. *or* Son las diez y quince.   3. Son las doce. *or* Es el mediodía.   4. Son las dos menos veinte de la tarde.
5. Son las tres y veinte.   6. Son las cinco de la tarde.

1-3. ¡Tengo cita!

1. Hay cita a las ocho y cuarto de la mañana.   2. Hay cita a las nueve de la mañana.   3. Hay cita a las diez menos cuarto de la mañana.   4. Hay cita a la una de la tarde.   5. Hay cita a las dos y veinte de la tarde.
6. Hay cita a las cuatro menos veinte de la tarde.

1-4. Una buena impresión.

Candidate C gets the job because all three items are positive and in keeping with a good presentation.

1-5. Los pronombres.

A.   1. b   2. d   3. h   4. f   5. e   6. a   7. c   8. g

1-6. Ahora con el verbo.

A.   1. e   2. d, f or h   3. a   4. c or g   5. b   6. c or g
7. d, f or h   8. d, f or h

1-7. El verbo ser.

1. soy   2. es   3. somos   4. soy   5. es   6. es   7. es
8. son   9. son   10. son

1-8. Mi nacionalidad.

1. Juan y Marcos son de México. Juan y Marcos son
mexicanos.   2. Nosotras somos de Colombia.
Nosotras somos colombianas.   3. Uds. son de
Argentina. Uds. son argentinos.   4. Tú eres de
Cuba. Tú eres cubano/a.   5. Yo soy de Chile. Yo soy
chileno/a.   6. El Dr. Sánchez es de Bolivia. El Dr.
Sánchez es boliviano.

1-9. Palabras descriptivas.

1. alto   2. responsable   3. antipático   4. perezoso
5. honesto   6. extrovertido   7. negligente
8. bilingüe

1-10. Familias de palabras.

New Words	Meaning	Related Vocabulary
1. el trabajo	work, job	trabajador
2. la honestidad	honesty	honesto
3. la timidez	timidity	tímido
4. la ambición	ambition	ambicioso
5. la agresión	aggression	agresivo
6. la responsabilidad	responsibility	responsable
7. la eficiencia	efficiency	eficiente
8. la inteligencia	intelligence	inteligente
9. la fuerza	strength	fuerte
10. la pereza	laziness	perezoso

1-11. ¿Cómo son?

1. La señora es baja.   2. Las clases son fáciles.   3. Yo
soy guapo.   4. Uds. son optimistas.   5. Ella es
tímida.   6. La doctora es casada.   7. Juan es
trabajador.   8. Tú eres honesto.   9. Los instructores
son irresponsables.   10. Nosotros somos fuertes.

1-12. ¿Cómo son?

Answers will vary. Some examples are as follows.

1. Los maestros son inteligentes y pacientes.
2. David Spade es cómico y rubio.   3. Ted Turner es
agresivo y ambicioso.   4. Hillary Clinton es fuerte
y responsable.   5. Ricky Martin es guapo y famoso.
6. Shaquille O'Neal es muy alto y fuerte.

1-13. El diálogo.

Apellido: Moreno Sánchez   Nombre: Lucía
Puesto solicitado: un empleo en relaciones públicas
Educación: título universitario   Descripción:

extrovertida, trabajadora y responsable   Años de
experiencia: dos

1-14. Los artículos de la oficina. The following words do not belong in the groups.

1. planta   2. maquiladora   3. candidata
4. teléfono   5. estantes   6. oficina

1-15. Más artículos de la oficina.

1. c   2. b   3. f   4. d   5. j   6. i   7. e   8. a   9. g
10. h

1-16. Las palabras interrogativas.

1. ¿Quién es el director de producción?   2. ¿De
dónde es Ud.?   3. ¿Cuándo es el seminario?
4. ¿Qué estudia Ud.?   5. ¿Cuál es su profesión?
6. ¿Cómo es Teresa?   7. ¿Por qué necesita Ud.
dinero?   8. ¿Cuál es su número de teléfono?

1-17. Los sinónimos.

1. h   2. d   3. e   4. c   5. a   6. b   7. g   8. f

1-18. El vocabulario del trabajo.

Word that does not belong:	Correct word:
1. oficina	e) directora
2. destrezas	f) equipo
3. seguro	a) pluma
4. flujo	d) fábrica
5. producción	c) vacaciones
6. capacitación	b) sueldo

1-19. Los anuncios clasificados.

1. B) porque tiene dos años de experiencia.
2. A) porque la empresa ofrece 10 días de vacaciones
y capacitación en el trabajo.   3. C) porque ella es
bilingüe y el trabajo es en Colombia.

1-20. Los artículos.

1. Margarita lee los anuncios en el diario.
2. Margarita llena la solicitud y firma el contrato.
3. Las referencias de Margarita son muy buenas.
4. Margarita habla con la directora de recursos
humanos.   5. La directora explica los objetivos de la
empresa.   6. Las vacaciones son parte de las
prestaciones de la compañía.   7. Los planes de
seguro de salud son buenos.   8. La orientación es
para los empleados nuevos.

1-21. Más artículos.

1. unos formularios   2. un contrato   3. una oficina
4. unas garantías   5. unas prestaciones   6. una
empresa   7. una póliza   8. unas referencias

1-22. ¡A usar los artículos!

Los empleados de las empresas Gándara reciben unas buenas prestaciones. El seguro de salud incluye las compañías Met Life, CIGNA y MEDICARE. El seguro incluye unas opciones diferentes. El empleado llena un formulario y firma el contrato. Los empleados forman parte de una unión de trabajadores. La unión es un sindicato. Cuando un empleado tiene problemas, habla con el director de personal.

1-23. A rellenar el espacio en blanco.

1. c   2. f   3. d   4. a   5. h   6. b   7. g   8. e

1-24. ¡A leer!

Answers will vary.

1-25. ¡A escribir!

Answers will vary.

Lección 2: ¡Hay tanto que hacer!

2-1. Vocabulario de seguros.

1. cobertura   2. decisión   3. deducible   4. medicina
5. visita   6. secretaria

2-2. El seguro de salud.

1. los gastos   2. la prima   3. los formularios   4. el copago   5. la atención preventiva   6. el reembolso
7. la profesión   8. la receta   9. el asegurado   10. el agente

2-3. El significado.

1. to offer   2. to include   3. list   4. doctor
5. limited   6. visit   7. to accept   8. year
9. electricity   10. cablevision   11. to fill out
12. to visit

2-4. Sinónimos y significados.

1. formularios   2. medicina; papel que llevo a la farmacia para obtener mi medicina   3. oficial; agente
4. treinta días   5. persona   6. cantidad   7. precio
8. propietario

2-5. Los antónimos.

1. bajo   2. viejo   3. débil   4. optimista   5. delgado
6. grande   7. bueno   8. moreno

2-6. Los adjetivos.

1. pólizas familiares   2. los señores confundidos   3. la atención médica   4. las señoras viejas   5. los copagos altos   6. beneficios máximos   7. los mercados fuertes
8. unas noticias buenas

2-7. Rellene el espacio en blanco.

1. familiar   2. farmacéuticos   3. confundida
4. gordos   5. catastróficos   6. baja   7. mensual
8. mayor   9. médicos   10. castaño

2-8. ¿Te gusta?

Answers may vary as to affirmative or negative.

1. Sí, me gusta el garaje para dos coches.   2. Sí, me gustan los reembolsos rápidos.   3. Sí, me gustan los copagos bajos.   4. Sí, me gusta la póliza familiar.
5. Sí, me gustan los buenos servicios de emergencia.
6. Sí, me gusta la cobertura amplia.   7. Sí, me gustan los buenos descuentos.   8. Sí, me gustan las hipotecas de treinta años.   9. Sí, me gustan los apartamentos modernos.   10. No, no me gustan los riesgos.

2-9. ¡Necesito una póliza!

Apellidos y nombre: Olga María de la Rocha

Dirección: 865 Lima

Edad: 22 años

Lugar de trabajo: Servitex

Me interesa el seguro de: inquilino y auto

Nombre y modelo del auto: Toyota Corolla

Año de fabricación del auto: 1998

Número de identificación del vehículo:
[*Provided by student*]

Prefiero pagar: [*Student circles either answer.*]

Prepare una lista breve de sus bienes que desea asegurar: *Answers will vary.*

2-10. El inventario.

Answers will vary.

2-11. A completar.

1. Los agentes preparan la cotización.   2. Mi esposo regresa del trabajo a las cinco y media.   3. Nosotros buscamos trabajo.   4. Tú hablas con el representante.
5. Yo calculo el interés.   6. Susana necesita una póliza nueva.   7. Ud. mira la información.   8. Yo escucho la conversación.   9. Uds. ayudan a mi amiga.   10. Yo trabajo con el agente.

2-12. Una entrevista.

Answers may vary.

1. Trabajo en. . .   2. Necesito un plan familiar. *or* Necesito un plan individual.   3. Sí, mi plan incluye seguro dental y de vista.   4. Alquilo un apartamento. *or* Alquilo una casa.   5. Sí, busco una póliza de vivienda.   6. Sí, tengo suficiente cobertura para mi auto.   7. Sí, cuando observo un accidente, llamo a la policía.   8. Sí, limpio mi auto bien cada semana.

2-13. ¡Nuestro hijo tiene licencia!

1. trabaja 2. trabajo 3. necesitamos 4. llama
5. contesta 6. explica 7. necesitamos 8. pregunta
9. contesta 10. calcula 11. escucha 12. anota
13. examinamos 14. observa 15. necesita 16. busca
17. camina

2-14. Las familias de palabras.

Infinitive	Related words
alquilar	rent, renter
vender	the sale, salesman
beber	the drink, drinkable
creer	belief, believeable
escribir	the writer, the writing
prometer	the promise, promising
recibir	the receipt, receiver
comer	the food (the meal), edible
leer	the reader, the reading
comprender	comprehension (understanding), comprehensive (capable of understanding)
existir	existence, existent
admitir	admission, admirer
discutir	argument, disputable

2-15. Busque la palabra.

Does not belong:	Add to list:
1. cerebro	seguro
2. auto	bajo
3. casa	cantidad
4. ahorro	dormitorio
5. llamada	propiedad
6. ocupado	rojo
7. receta	robo
8. restaurante	problema

2-16. Una entrevista.

Answers will vary.
1. Sí, leo mucha información sobre las hipotecas.
2. Sí, corro cuando tengo prisa. 3. Creo que es mejor comprar una casa. *or* Creo que es mejor alquilar una casa. 4. Sí, recibo facsímiles en mi trabajo. 5. Sí, comprendo el formulario. 6. Sí, insisto en recibir buen servicio del agente de bienes raíces. 7. Sí, escribo bien en español. 8. Sí, aprendo mucho en clase. 9. Sí, debo economizar más. 10. Vivo en (*name place*).

2-17. Mi agente de bienes raíces.

1. vende 2. viven 3. recibe 4. deciden
5. comprende 6. cree 7. deben 8. prometen
9. aprenden 10. insisten en

2-18. ¡De venta!

1. El Paraíso. Roberto Jesús Alemán 2. El Jardín. Miguel y Luisa Duque 3. Las Lomas. Luis Miguel y Marta Inés Domench 4. Lomas Altas. María Luisa López

2-19. Los sinónimos.

1. hipoteca 2. adelanto, entrada 3. comisiones
4. sueldo 5. adquirir 6. colisión, choque 7. casa, propiedad 8. auto

2-20. Tener.

1. tiene sed 2. tengo frío 3. tiene hambre 4. tienen prisa 5. tenemos sueño 6. tiene sed 7. tienes miedo 8. tiene cuatro años

2-21. Mis preferencias.

Answers will vary.

2-22. Una discusión.

Answers will vary.

2-23. Las condiciones.

1. Los clientes están confundidos. 2. Luisa está ocupada. 3. Nosotros tenemos sueño. 4. Tú tienes hambre. 5. Yo tengo ganas de buscar una casa nueva.
6. El estudiante está aburrido. 7. Uds. están nerviosos. 8. Las secretarias están interesadas en las pólizas.

2-24. ¡A leer!

Answers will vary.

2-25. ¡A escribir!

Answers will vary.

Lección 3: Tengo que viajar

3-1. ¡A rellenar el espacio en blanco!

1. c 2. f 3. a 4. h 5. j 6. l 7. e 8. b 9. g
10. i 11. d 12. k

3-2. Mi pasaporte.

Last name: Solís First name: Antonio Miguel
Nationality: colombiano Date of Birth: 3 octubre
1968 Sex: masculino Place of Birth: Bogotá,

Colombia   Date of issue: 10 abril 2000   Date of expiration: 9 abril 2005

3-3. Las familias de palabras.

Vocabulary	Related Word	Meaning
Dormir	dormitorio	bedroom
Privilegio	privilegiar	to grant privilege
Viajero	viaje	trip
Reunión	reunir	to gather
Nivel	nivelar	to level
Sueño	soñar	to dream
Café	cafetera	coffeepot
Proyección	proyectar	to project
Exposición	exponer	to expose
Preparar	preparación	preparation

3-4. La reunión.

1. F Guillermo prepara los archivos.   2. C   3. C
4. F El jefe estudia la información de la reunión.   4. C
5. F Milagros habla con el agente de viajes.   6. C
7. F El vuelo es directo.   8. F El jefe y Guillermo van a Venezuela.

3-5. ¿Qué están haciendo?

1. Yo estoy haciendo preparaciones.   2. El jefe está estudiando el presupuesto.   3. La recepcionista está anotando un mensaje telefónico.   4. Los directores están tomando una decisión.   5. Los clientes están esperando en la sala de espera.   6. El agente de viajes está haciendo reservaciones.   7. Tú estás examinando un archivo.   8. La secretaria está escribiendo una carta.   9. Ud. está trayendo café.   10. Nosotros estamos mirando el itinerario.

3-6. Acción en progreso.

1. Miguel está viajando por avión.   2. Ud. está escribiendo un mensaje.   3. El director está llamando a la agencia de viajes.   4. Tú estás trayendo café.
5. Yo estoy tomando aspirina.   6. Ellos están haciendo reservaciones.   7. Julio está mirando el presupuesto.
8. Los clientes están esperando la cita.

3-7. Familias de palabras.

1. asiento   2. cliente   3. agencia   4. el portafolios
5. café   6. maletero   7. piloto   8. fiesta   9. aspirina
10. emergencia

3-8. La lista de Enrique.

1. agente   2. reservaciones   3. boleto   4. maleta
5. portafolios   6. maletero   7. mostrador   8. tarjeta de embarque   9. control de seguridad   10. puerta

11. asiento   12. cinturón de seguridad   13. asistente
14. capitán

3-9. ¡Vamos de viaje!

1. El viaje a Ixtapa de Houston cuesta cuatrocientos dólares.   2. El viaje a Bogotá de Houston cuesta setecientos dólares.   3. El viaje a San Salvador de Houston cuesta quinientos dólares.   4. El viaje a Caracas de Miami cuesta seiscientos dólares.   5. El viaje a Cozumel de Chicago cuesta quinientos dólares.
6. El viaje a Guadalajara de Chicago cuesta trescientos dólares.

3-10. ¿Cómo son?

1. El empresario es rico.   2. La secretaria es trabajadora.   3. Uds. son ambiciosos.   4. Nosotros somos pacientes.   5. Shaquille O'Neal y Michael Jordan son altos.   6. Angel Cruz es bajo.   7. Yo soy soltera.   8. Tú eres simpático.

3-11. ¿Cómo están?

1. Nosotros estamos cansados.
2. La computadora está rota.
3. Los estudiantes están nerviosos.
4. Las ventanillas están cerradas.
5. Las mesitas están plegadas.
6. Tú estás listo.
7. El teléfono está ocupado.
8. Los estudiantes están aburridos.

3-12. Preparaciones para un viaje.

1. soy   2. estoy   3. es   4. soy   5. soy   6. estoy
7. estoy   8. es   9. es   10. es   11. está   12. es
13. está   14. está   15. están   16. estoy

3-13. Vocabulario de viajar.

1. secar   2. molestia   3. televisión   4. toalla   5. cama
6. discoteca   7. bajar   8. cortesía

3-14. Las familias de palabras.

Meaning
courteous   guarantee   dry   occupation   to connect
key ring   to reserve   to bathe   to wash   masseur or masseuse

3-15. Buscamos hotel.

Answers will vary.
1. El Dr. Jiménez prefiere el hotel Colón porque tiene tiendas comerciales y también muchas actividades recreativas.   2. Silvia Lozano prefiere el Hotel Los Cabos porque ofrece amplias instalaciones comerciales.

3. El Sr. Felini prefiere el Hotel del Parque porque necesita una suite familiar porque lleva a su familia. También tiene tarifas familiares.

3-16. ¿Qué prefiere Ud.?

Answers will vary.

3-17. ¿Adónde van?

1. Yo voy al restaurante. 2. Uds. van a la piscina.
3. Yo voy a la lavandería. 4. Nosotros vamos al mostrador. 5. Tú vas a pasar por el control de seguridad. 6. Ud. va al aeropuerto. 7. Yo voy al spa.
8. Juan va a la habitación.

3-18. ¿Qué van a hacer?

1. La secretaria va a dormir. 2. Yo voy a beber.
3. Nosotros vamos a hacer reservaciones. 4. Tú vas a facturar el equipaje. 5. Uds. van a nadar. 6. Los estudiantes van a estudiar. 7. Guillermo va a comer.
8. Nosotros vamos a trabajar.

3-19. Las comidas del día.

1. mermelada 2. crema 3. sándwich 4. jamón
5. queso 6. té helado 7. bistec 8. papas
9. ensalada 10. helado

3-20. Tengo que preparar una cena.

Answers will vary.

3-21. La imitación.

1. Yo salgo para el trabajo. Él sale para el trabajo.
2. Yo hago preparaciones. Él hace preparaciones.
3. Yo pongo la mesa. Él pone la mesa. 4. Yo traigo los cuchillos y tenedores. Él trae los cuchillos y tenedores. 5. Yo oigo practicar la orquesta. Él oye practicar la orquesta. 6. Yo dirijo a los clientes a la mesa. Él dirige a los clientes a la mesa. 7. Yo traduzco el menú al español. Él traduce el menú al español. 8. Yo traigo el postre. Él trae el postre.
9. Yo preparo la cuenta. Él prepara la cuenta. 10. Yo vengo a mi casa. ¡Él viene a mi casa!

3-22. Saber/Conocer.

1. sabe 2. sé 3. conocemos 4. conoces 5. sabe
6. sabe 7. conozco 8. saben

3-23. ¡A leer!

Answers may vary.
A) 1. carne de res 2. gallo pinto 3. arepas 4. sopa paraguaya 5. empanadas 6. tortillas

3-24. ¡A escribir!

Answers will vary.

The following is a translation of the information requested.
Your name:
E-mail:
City of origin: (where you are traveling from)
Preferred hotel: (here give a name)
Telephone number:
Date requested: Day: Month:
Number of nights:
Number of people:
Name(s) of traveler(s):
Information you would like to add: (example: no smoking room, handicap access, etc.)

Lección 4: El mundo de las ventas

4-1. El auto.

1. capó 2. llantas 3. volante 4. cajuela 5. guantera
6. sistema de sonido 7. sistema de posición global
8. bolsa de aire 9. cinturón de seguridad
10. limpiaparabrisas

4-2. Las familias de palabras.

1. arrancar	el arranque	start
2. garantizar	la garantía	guarantee
3. comprar	la compra	purchase, buy
4. vender	la venta	sale
5. negociar	el negocio	business
6. regatear	el regateo	bargaining
7. prometer	la promesa	promise
8. probar	la prueba	test

4-3. Los sinónimos.

1. accidente 2. acumulador 3. regatear 4. equipo
5. revisar 6. gomas 7. transacción 8. modelo

4-4. ¡Mi hijo compra un carro!

Answers will vary.

4-5. Los anuncios clasificados.

1. B 2. C 3. A

4-6. Los adjetivos posesivos.

1. Mi hermana tiene tres anillos. 2. Sí, nuestras llantas son de buena calidad. 3. Su taller está en la calle Juárez. 4. Tu gato está en la cajuela. 5. Sí, uso mi cinturón de seguridad. 6. Sí, mis clientes necesitan una garantía. 7. Sus asistentes viajan en junio.
8. Su cita es a las tres.

4-7. Posesión con "de".

1. Es la garantía del cliente.   2. La moto es de Juan.
3. La bicicleta es de la estudiante.   4. Las gomas son
del mécanico.   5. Los autos nuevos son de los
gerentes.   6. Los documentos son de la secretaria.

4-8. Las preferencias.

1. Luisa prefiere una pulsera de rubíes.   2. María
prefiere un collar de esmeraldas.   3. Marta prefiere un
anillo de zafiros.   4. Patricia prefiere unos aretes de
aguamarinas.

4-9. Mis joyas preferidas.

Answers will vary.

Possible responses:

1. Luisa necesita una pulsera de rubíes en oro de 14
quilates.   2. María necesita un collar de esmeraldas en
oro de 14 quilates.   3. Marta necesita un anillo de
zafiros en oro de 14 quilates.   4. Patricia necesita unos
aretes de aguamarinas en oro blanco de 18 quilates.

4-10. Las familias de palabras.

Infinitive	Related Word	Meaning
entender	el entendimiento	understanding
repetir	la repetición	repitition
preferir	la preferencia	preference
invertir	la inversión	investment
comenzar	el comienzo	beginning
medir	la medida	measurement
recomendar	la recomendación	recommendation
almorzar	el almuerzo	lunch
perder	la pérdida	loss
volver	la vuelta	return
seleccionar	la selección	selection
proteger	la protección	protection

4-11. Los eventos en la joyería.

1. Entro en la joyería.

2. Miro las joyas.

3. Elijo unos aretes y una pulsera.

4. Pido el precio.

5. El empleado busca el precio.

6. El empleado explica las opciones de pago.

7. Decido pagar a plazos.

8. El gerente de crédito revisa mi historia de crédito.

9. El gerente de crédito me ofrece un préstamo de
tres años.

10. Yo pago el enganche.

11. Me llevo los aretes y la pulsera.

4-12. Un regalo de cumpleaños.

1. quiero   2. encuentro   3. dice   4. comienza
5. digo   6. prefiere   7. piensa   8. encuentra   9. digo
10. prefiero   11. sigo   12. encuentra
13. recomienda   14. entiendo   15. invierto   16. elijo

4-13. ¡Nosotros no hacemos eso!

1. Preferimos trabajar con los clientes ricos.

2. Repetimos la garantía de todos los productos.

3. Mentimos sobre el precio de las joyas.

4. Recomendamos joyas con altos precios.

5. Volvemos al trabajo por la noche.   6. Invertimos
nuestro dinero en una cuenta de ahorros.

7. Comenzamos a trabajar a las diez.   8. Podemos
trabajar los fines de semana.   9. Pensamos en la
satisfacción del cliente.   10. Dormimos en la oficina
del jefe.

4-14. La ropa.

1. sandalias   2. edificio   3. cinturón   4. zapatos
5. vestido   6. botas   7. saco   8. sudadera

4-15. Busque la palabra.

1. surtido   2. maniquí   3. sudadera   4. sandalias
5. cartera   6. corbata   7. rompevientos   8. camiseta

4-16. ¿Cuál es más cómodo?

(Answers may vary.)

1. La camiseta es más cómoda que la camisa.   2. El
cinturón es más cómodo que los tirantes.   3. Los
pantalones son más cómodos que el vestido.   4. Las
sandalias son más cómodas que las botas.   5. La
sudadera es más cómoda que el saco.   6. El chaleco es
más cómodo que la corbata.   7. Los calcetines son
más cómodos que las pantimedias.   8. El suéter es más
cómodo que el abrigo.

4-17. ¡Necesito ropa!

Answers will vary.

4-18. ¡A leer!

1. Cierto   2. Falso—Necesita manejar el auto antes de
comprarlo.   3. Cierto   4. Falso—Es importante
investigar el precio del seguro.   5. Cierto   6. Falso—
Su deuda total no debe ser más del cuarenta por ciento
de sus ingresos totales.

4-19. ¡A escribir!

Answers will vary.

Lección 5: Vender es vivir

5-1. Vocabulario.

1. estufa 2. horno 3. tostador 4. cafetera
5. refrigerador 6. lavaplatos 7. secadora
8. aspiradora

5-2. Las familias de palabras.

cocinar	la cocina	the kitchen
limpiar	la limpieza	cleaning
ahorrar	los ahorros	savings
lavar	el lavado	the wash
preparar	las preparaciones	preparations
revelar	el revelado	the developing
pagar	los pagos	payments
divertirse	la diversión	entertainment

5-3. Más vocabulario.

1. miembros 2. terminar 3. copiadora 4. monitor
5. horno 6. aspiradora 7. revelado 8. tostador

5-4. Los mandatos formales.

1. vender	vendo	venda
2. cocinar	cocino	cocine
3. limpiar	limpio	limpie
4. preparar	preparo	prepare
5. ahorrar	ahorro	ahorre
6. revelar	revelo	revele
7. pedir	pido	pida
8. venir	vengo	venga
9. poner	pongo	ponga
10. hacer	hago	haga

5-5. ¿Qué hago?

1. Enchufe la máquina y el monitor. 2. Conecte el teclado. 3. Busque el cable de la impresora.
4. Programe la impresora. 5. Haga clic en *start*.
6. Encuentre el programa del procesador de palabras.
7. Abra el programa. 8. Arregle los márgenes.
9. Seleccione el tipo de letra. 10. Empiece el documento.

5-6. La computadora.

1. monitor 2. cable 3. teclado 4. técnico
5. impresora 6. ratón 7. módem 8. unidad de CD

5-7. Más mandatos.

1. Sean pacientes. 2. Lean la información de los manuales. 3. Empiecen con un programa para conectar con la Red. 4. Practiquen en el tiempo libre. 5. No estén nerviosos. 6. Busquen ayuda.
7. Vayan a sitios interesantes. 8. Usen las herramientas.

5-8. ¡Vamos a resolver los problemas!

Answers may vary.

1. Explíquele las instrucciones. 2. Copie el recibo.
3. Guarde los documentos. 4. Dele el código.
5. Escríbale un correo electrónico. 6. Apague la computadora. 7. Dele una computadora nueva.
8. Pague a plazos.

5-9. ¡Necesito una computadora!

The second part of the following answers may vary.

1. Alejandro Valentín necesita la computadora B, la Saturno, porque necesita una computadora portátil para sus viajes. También usa un programa para presentaciones y otros programas importantes para un gerente.
2. Adela Sensoni necesita la computadora C porque puede manipular las fotos digitales que saca. Además, le da la oportunidad de aprender más sobre los vídeos e incluye mucha memoria para trabajar como un profesional.
3. Miguel Álvarez necesita la computadora A para jóvenes aficionados a la música. La velocidad es importante porque la reproducción de la música requiere tiempo.

5-10. Las familias de palabras.

Vocabulary	Related Word	Meaning
criticar	la crítica	criticism
la motivación	motivar	to motivate
el consumidor	consumir	to consume
avalar	el aval	the endorsement
lanzar	el lanzamiento	the launch
el endoso	endosador	endorser
engañar	el engaño	deceit
el anuncio	anunciar	to advertise

5-11. La mercadotecnia.

1. publicidad 2. crea 3. lanzamiento 4. campaña
5. vocero 6. competidores 7. reporte 8. éxito

5-12. La publicidad.

En el campo de la mercadotecnia prefiero no tener ningún competidor fuerte. Nunca digo cosas negativas de los competidores. Tampoco engaño al público. Nunca critico a nadie en los anuncios. Los voceros tampoco pueden hablar mal del producto.

5-13. Los medios de comunicación.

Los reporteros siempre sacan buenas fotografías para los periódicos. También molestan a los voceros con muchas preguntas. Los publicistas siempre usan el correo directo para hacer anuncios. Y los voceros hablan por la radio también. Los medios de comunicación tienen algunos aspectos importantes.

5-14. El vocabulario.

1. tijeras   2. contabilidad   3. verdad   4. medios
5. celebridad   6. conferencia   7. mayoría   8. discurso

5-15. Más vocabulario.

1. conferencia   2. discurso   3. estrategia   4. estadísticas
5. gráfico   6. podio   7. vocero   8. prensa

5-16. ¡A leer!

Answers will vary.

5-17. ¡A escribir!

Answers will vary.

Lección 6: Repaso I

Lección 1: Una entrevista

Módulo 1

6-1. La solicitud de trabajo.

Apellido   Fecha   Dirección   Número de teléfono
Sexo   Estado civil   Ocupación   Edad

6-2. La hora.

1. Son las tres y veinte de la mañana.   Son las cuatro menos veinte de la mañana.   2. Son las siete y diez de la noche.   Son las siete y media de la noche.   3. Son las siete menos cuarto de la mañana.   Son las siete y cinco de la mañana.   4. Es la una de la tarde.   Es la una y veinte de la tarde.   5. Es la medianoche.   Son las doce y veinte de la mañana.   6. Son las seis menos cinco de la mañana.   Son las seis y cuarto de la mañana.

6-3. Las características.

1. La secretaria es baja.   2. El gerente de ventas es inteligente.   3. Los documentos son complicados.   4. Las revistas son interesantes.   5. La vocera es bonita.
6. La recepcionista es paciente.   7. La computadora es cara.   8. Nosotros somos capaces.

Módulo 2

6-4. Llene el espacio en blanco.

1. candidato   2. teléfono   3. pluma   4. estantes
5. sofá   6. monitor   7. directora   8. oficina

6-5. La entrevista de trabajo.

1. ¿Cómo se llama Ud.?   2. ¿Cuándo puede empezar?
3. ¿Qué hace ahora?   4. ¿Cuánto espera ganar?
5. ¿Cuántas referencias tiene?   6. ¿Por qué quiere trabajar aquí?   7. ¿Cómo es Ud.?   8. ¿Dónde vive Ud.?

6-6. El significado.

(*Answers will vary.*)

1. El supervisor es el director.   2. El salario es el sueldo.   3. La capacitación consiste en tomar clases profesionales.   4. El personal es el grupo de trabajadores.   5. Los beneficios son extras como el seguro de salud y la jubilación.   6. Ser bilingüe es hablar dos idiomas.

Lección 2: !Hay tanto que hacer!

Módulo 1

6-7. Empareje.

a. 3   b. 9   c. 6   d. 10   e. 1   f. 7   g. 2   h. 4   i. 5
j. 8

6-8. Una descripción de la oficina.

1. La sala de espera es cómoda.   2. Los clientes son inteligentes.   3. La recepcionista es eficiente.   4. El supervisor es alto.   5. Los trabajadores son buenos.
6. La computadora es nueva.   7. Nosotros somos trabajadores.   8. Uds. son importantes.

6-9. Acción en la oficina.

1. esperan   2. escucha   3. contesta   4. instala
5. conecta   6. entrevista   7. prepara   8. hablo

6-10. En la oficina de bienes raíces.

1. agentes   2. dormitorios   3. tasa   4. préstamo
5. hipotecas   6. póliza   7. impuestos   8. enganche

6-11. ¿Qué hacen los clientes?

1. corren   2. recibe   3. escribe   4. leen   5. aprenden
6. insiste   7. creo   8. deben

6-12. Las condiciones.

1. Nosotros tenemos sed.   2. Yo tengo hambre.
3. Juan tiene prisa.   4. Los trabajadores tienen calor.
5. Tú tienes frío.   6. Marta tiene cinco años.   7. Uds. tienen sueño.   8. La secretaria tiene razón.

Lección 3: Tengo que viajar

Módulo 1

6-13. Planeando mi viaje.

1. agente   2. reservación   3. ida y vuelta
4. pasaporte   5. maleta   6. bolso de mano
7. facturar   8. tarjeta   9. control   10. asiento de ventanilla   11. cinturón

6-14. ¿Qué está pasando ahora?

1. está facturando 2. están leyendo 3. están corriendo 4. estamos comiendo 5. estás buscando 6. está pasando 7. estoy observando 8. está sirviendo

6-15. Siempre en el aeropuerto.

1. estoy 2. están 3. están 4. es 5. son 6. son 7. es 8. están

Módulo 2

6-16. Los artículos del hotel.

1. ochenta y cuatro camas 2. noventa y nueve toallas 3. cuatro ascensores 4. dos piscinas 5. tres restaurantes 6. cincuenta y siete reservaciones

6-17. ¡Yo soy el más importante!

1. Hago reservaciones. 2. Pongo las maletas en las habitaciones. 3. Oigo las quejas de los clientes. 4. Traigo toallas extras a las habitaciones. 5. Conozco a los clientes importantes. 6. Sé los nombres de los clientes. 7. Conduzco los carros al estacionamiento. 8. Salgo tarde por la noche.

Lección 4: El mundo de las ventas
Módulo 1

6-18. ¿Qué necesita Ud.?

1. Yo prefiero asientos de cuero. 2. Juan prefiere un techo corredizo. 3. Uds. prefieren un sistema de posición global. 4. Nosotros preferimos bolsas de aire. 5. Elsa no prefiere un coche deportivo. 6. Tú prefieres una motocicleta. 7. Ellos no prefieren un auto descapotable. 8. Ramón prefiere una bicicleta.

6-19. Los adjetivos posesivos.

1. ¡Es su pulsera! 2. ¡Son tus anillos! 3. ¡Es mi collar! 4. ¡Son nuestros rubíes! 5. ¡Son sus pulseras! 6. ¡Son sus aretes! 7. ¡Es mi diamante! 8. ¡Son sus collares!

6-20. Guillermo es diferente.

1. Nosotros siempre empezamos a las ocho, pero Guillermo empieza a las nueve. 2. Nosotros pedimos un latte en Starbucks, pero Guillermo pide una mocha. 3. Nosotros queremos trabajar hasta las cinco, pero Guillermo quiere trabajar hasta las cuatro. 4. Nosotros almorzamos en la oficina, pero Guillermo almuerza en la cafetería. 5. Nosotros no perdemos los documentos, pero Guillermo siempre pierde algo. 6. Nosotros siempre decimos la verdad, pero Guillermo no dice la verdad. 7. Nosotros preferimos hablar con los clientes, pero Guillermo no prefiere hablar con

ellos. 8. Nosotros volvemos al trabajo después de una conferencia, pero Guillermo no vuelve.

Módulo 2

6-21. Haga una lista.

Answers will vary.

Ropa para mujer: vestido falda blusa pantalones camiseta sudadera abrigo

Ropa para hombre: saco camisa pantalones chaleco camiseta sudadera suéter rompevientos

Ropa interior de mujer: sostén combinación pantimedias pantaletas

Ropa interior de hombre: calzoncillos calcetines camiseta suéter abrigo rompevientos

Accesorios: cinturón corbata tirantes cartera

6-22. Empareje.

a. 5 b. 1 c. 8 d. 2 e. 7 f. 4 g. 3 h. 3

6-23. Describa la ropa.

1. Las minifaldas son menos elegantes que los vestidos de noche. 2. Las camisetas son más cómodas que las blusas. 3. El cinturón es más común que los tirantes. 4. Los trajes son menos deportivos que las sudaderas. 5. Los tacones son más altos que las sandalias. 6. Los vestidos son menos informales que los pantalones.

Lección 5: Vender es vivir
Módulo 1

6-24. El aparato apropiado.

1. ¡En el tostador! 2. ¡En la licuadora! 3. ¡En la estufa! 4. ¡En el horno! 5. ¡En el microondas! 6. ¡En la secadora! 7. ¡En la lavadora! 8. ¡En el refrigerador!

6-25. Empareje.

a. 5 b. 8 c. 1 d. 4 e. 7 f. 2 g. 6 h. 3

6-26. ¿Qué hago?

1. Practique con el teclado. 2. Empiece con el manual. 3. No pague demasiado por la impresora. 4. Conduzca a la tienda para comprar un cable. 5. Guarde información en los archivos. 6. Salga de un programa cuando termine. 7. Tenga paciencia. 8. Busque información en la Red.

6-27. ¡Decida!

1. Pídales ayuda con el módem. 2. Deme información sobre las pólizas. 3. Hágame preguntas

de cotizaciones.   4. Tráiganles el monitor para la reparación.   5. Entréguenles los disquetes.
6. Hábleme del deducible.

Módulo 2

6-28. Empareje.

a. 4   b. 6   c. 1   d. 8   e. 2   f. 7   g. 2   h. 5

6-29. ¡Lo contrario!

1. Roberto no pone nada en el escritorio debajo de las bebidas.   2. Roberto no habla con nadie cuando tiene problemas.   3. Roberto no tiene ningún problema con la fotocopiadora.   4. Roberto nunca hace una encuesta antes de lanzar un producto.   5. Roberto tampoco prepara un reporte.   6. Roberto siempre quiere trabajar conmigo.

Lección 7: Las finanzas

7-1. En el banco.

1. abrir   2. cuenta   3. cheques   4. tarjeta de crédito
5. fondos   6. multa   7. ahorros   8. intereses
9. cajero automático   10. cheques de viajero

7-2. Las familias de palabras.

Vocabulary	Related Word	Meaning
saldo	saldar	to balance, to pay off
inversión	invertir	to invest
tasa	tasar	to rate, to appraise
cajero	caja	box
retirar	retiro	withdrawal
vencimiento	vencer	to expire
ahorros	ahorrar	to save
certificado	certificar	certify
transferir	transferencia	transferral
penalidades	penalizar	to penalizar

7-3. ¡Ahora mi hijo quiere una tarjeta de crédito!

1. La edad mínimia para conseguir una tarjeta de crédito es dieciséis años.   2. El padre o la madre de Ramón tienen que firmar la solicitud.   3. El padre o la madre de Ramón la pagan.   4. La tasa de interés es del veinticinco por ciento.   5. No, no hay una cuota anual.   6. El límite de crédito de la tarjeta es de quinientos dólares.   7. No es conveniente porque va a gastar más de quinientos dólares.   8. No es conveniente porque solamente puede escribir tres cheques por mes.   9. Answers will vary.

7-4. La tarjeta del cajero/de débito.

1. Se usa la tarjeta en lugar de efectivo y cheques.
2. Se hacen compras en todos los establecimientos.
3. Se solicita en su banco.   4. Donde no se aceptan cheques personales, se acepta la tarjeta de débito.
5. Se usa como cheque pero es más rápida y más fácil.
6. Se puede obtener acceso a su cuenta en el cajero automático.   7. Se deducen sus compras de la cuenta corriente.   8. No se cobran intereses.   9. Se ahorra el gasto de imprimir cheques.   10. No se paga una tarifa mensual.

7-5. ¿Qué se hace en...?

Answers will vary. The following are some options.

1. Se alquila un vídeo en Blockbuster.   2. Se hace un chequeo médico en el consultorio del médico.   3. Se prepara la comida en la cocina de la casa.   4. Se compra una póliza de seguro en State Farm.   5. Se nada en la piscina.   6. Se consigue comida en el supermercado.   7. Se compra gasolina en la gasolinera.   8. Se saca dinero en el banco.   9. Se come pizza en una pizzería.   10 Se viaja a Atlanta en el vuelo número 574 de Delta.

7-6. Según Ud.

Answers will vary.

7-7. A la voz pasiva.

1. Se exigen referencias.   2. Se necesitan trabajadores emprendedores.   3. Se paga un sueldo excelente.
4. Se ofrece un buen plan de salud.   5. En el banco se encuentra una amplia gama de cuentas y préstamos.
6. No se recupera el dinero si la cuenta no está garantizada.   7. Se necesitan dos asistentes bilingües.
8. Se incluye la propina en la cuenta.

7-8. Comprar y vender.

1. bolsa   2. corredores   3. acciones   4. invertir
5. fondos   6. fracaso   7. bancarrota   8. cartera

7-9. Las familias de palabras.

Vocabulary	Related Word	Meaning
corredor	corretaje	brokerage
fracaso	fracasar	to fail
acción	accionista	stockholder
arriesgar	riesgo	risk
heredar	herencia	inheritance
apostar	apostante	gambler
iniciar	inicio	beginning
cotización	cotizar	quotation

7-10. Los grupos de palabras.

1. cotizar   2. arriesgar   3. dinero   4. vender
5. fracaso   6. ganancia   7. venta   8. terminar

7-11. ¿Debe o no debe?

1. C   2. A   3. N

7-12. Seguir los pasos.

Answers will vary.

7-13. ¿Cómo se paga?

Answers will vary.

7-14. ¿Cuál es el sustantivo?

1. la inversión   2. el gasto   3. el retiro   4. el riesgo
5. el recibo   6. el saldo   7. el depósito   8. la deuda
9. el pago   10. los ahorros

7-15. Ud. es muy lento.

1. El corredor acaba de vender las acciones.
2. Mi hijo acaba de abrir una cuenta de ahorros.
3. El contador acaba de pagar todas las cuentas.
4. Nosotros acabamos de viajar a París.   5. La cajera
acaba de poner los documentos en la caja de
seguridad.   6. Tú acabas de comprar acciones de
Microsoft.   7. Los empleados acaban de invertir
dinero en la Bolsa de valores.   8. Mi vecino acaba de
instalar una alarma en la casa.

7-16. ¿Cuándo pasó?

1. hace un mes   2. ayer   3. hace dos años   4. hace
diez días   5. anteayer   6. anoche   7. hace veinte días
8. hace cinco años

7-17. El vocabulario de los impuestos.

1. retenido   2. federales   3. planilla   4. el W-2
5. tributable   6. reembolso   7. ingresos   8. extensión

7-18. ¿A quién le gusta...?

1. Al presidente le gusta la política.   2. A mí me gusta
ganar intereses.   3. A Uds. les gusta recibir un
reembolso.   4. Al contador le gusta la información
completa.   5. A la oficina de correos le gusta empezar
temprano.   6. A Donald Trump le gustan las acciones de
una buena compañía.   7. A una persona conservadora le
gusta ahorrar el dinero.   8. Te gusta (*answers will vary*).
9. Le gusta (*answers will vary*).   10. A un estudiante
universitario le gusta (*answers will vary*).

7-19. En la oficina del contador.

1. hoja de balance   2. caja chica   3. libro mayor
4. pasivos   5. liquidez   6. cuentas por cobrar
7. activos   8. contabilidad

7-20. Saldo bancario.

1. Juanita tiene trescientos setenta y dos mil
novecientos ochenta y seis dólares.   2. Manuel tiene
cincuenta y siete dólares.   3. Luisa tiene ciento
veintisiete mil ochocientos treinta y cuatro dólares.
4. Juan tiene treinta y seis mil dólares.   5. Eleonora
tiene setecientos noventa y dos dólares.   6. Jorge tiene
dos mil ciento ochenta y nueve dólares.   7. Gabriela
tiene setenta y cinco dólares.   8. Pedro tiene
quinientos mil dólares.

7-21. ¿Cuánto cuesta(n)...?

1. El auto nuevo cuesta treinta y dos mil setecientos
noventa y dos dólares.   2. Los discos compactos
cuestan cuarenta y dos dólares.   3. Una computadora
portátil cuesta mil setecientos dólares.   4. Un teléfono
celular cuesta cincuenta y tres dólares.   5. Una
impresora cuesta ochenta y nueve dólares.   6. Cuatro
llantas nuevas cuestan doscientos cuarenta dólares.
7. Un portafolios de cuero cuesta doscientos sesenta y
tres dólares.   8. Los altavoces nuevos cuestan noventa
y seis dólares.

7-22. Y en el primer puesto...

1. El primer país es México.   2. El segundo país es
España.   3. El tercer país es Colombia.   4. El cuarto
país es Estados Unidos.   5. El quinto país es
Venezuela.   6. El sexto país es Chile.   7. El séptimo
país es Guatemala.   8. El octavo país es Honduras.
9. El noveno país es Uruguay.   10. El décimo país es
Panamá.

7-23. ¡A leer!

1. Tiene oficinas en Dallas y en México, D.F.
2. Ofrece servicios de contabilidad, preparación de
impuestos, planificación financiera corporativa e
internacional, auditorías y representación legal.
3. Tiene nueve años de experiencia.   4. Se puede
llamar por teléfono, por FAX o por teléfono celular.

7-24. ¡A escribir!

Answers will vary.

Lección 8: La industria y la producción

8-1. En la planta.

1. casco   2. centro de capacitación   3. clínica
4. armarios   5. uniforme   6. lentes de seguridad
7. turnos   8. gimnasio

8-2. Los sustantivos.

Verb	Noun	Meaning
ducharse	la ducha	the shower
descansar	el descanso	the rest
peinarse	el peine, el peinado	the comb, the style
fabricar	la fábrica	the factory
procesar	el procesamiento	the processing
alcanzar	el alcance	the reach
lavarse	el lavado	the wash
producir	la producción	the production
administrar	la administración	the administration
cambiarse	el cambio	the change

8-3. Mi día.

1. vestidor   2. armario   3. redecilla   4. lentes de seguridad   5. sala   6. cafetería   7. cuota   8. capacitación   9. accidentes   10. telenovela

8-4. El significado.

Answers may vary. Some possible definitions follow.

1. El complejo es un grupo de edificios que pertenece a la misma compañía.   2. El vestidor es un lugar donde se cambia la ropa y se guarda.   3. El gimnasio es un lugar para practicar deportes y hacer ejercicios.   4. Las técnicas son diferentes maneras de hacer un trabajo.   5. El turno es el horario de trabajo. Generalmente hay varios turnos en el día para que se trabaje 24 horas al día.   6. La gerencia es el grupo de personas que toma las decisiones.   7. El supervisor es la persona que se asegura de que cada trabajador haga bien su trabajo.   8. La capacitación es la educación que reciben los trabajadores.

8-5. Los verbs reflexivos.

1. se despierta   2. se baña   3. bañan   4. se afeita   5. se peina   6. se viste   7. se enoja   8. se preocupan   9. se pone   10. se sientan   11. se duermen   12. acuestan   13. se desvisten   14. se ponen   15. se acuestan

8-6. El contrario.

1. Nosotros no nos vestimos con ropa elegante.   2. Siempre nos enojamos.   3. Nos dormimos en el trabajo.   4. No nos levantamos cuando suena la alarma.   5. Siempre nos enojamos con nuestros amigos.   6. No nos llevamos bien con todo el mundo.   7. No nos ponemos nerviosos cuando hay examen.   8. No nos sentamos en el sofá en la sala de descanso para tomar un refresco.   9. Nunca nos sentimos bien por la mañana.   10. No nos peinamos antes de salir para el trabajo.

8-7. Un día en la vida de Cecilia.

2. Cecilia se pone la redecilla.   3. Cecilia se lava las manos.   4. Cecilia se sienta en el sofá.   5. Cecilia se levanta del sofá.   6. Cecilia se pone los lentes de seguridad.   7. Cecilia se ducha.   8. Cecilia se acuesta a las diez de la noche.

8-8. ¿Reflexivo o no reflexivo?

1. Mi madre se despierta a las seis y media de la mañana.   Mi madre me despierta a las siete de la mañana.   2. Tú levantas pesas (*weights*) en el gimnasio. Tú te levantas a las siete de la mañana.   3. Uds. se visten de uniforme en diez minutos.   Uds. visten al bebé antes de llevarlo a la guardería.   4. Yo duermo ocho horas por la noche.   Yo me duermo a las once de la noche.   5. En la guardería, la chica cuida al bebé durante el día.   La chica se cuida bien porque hace ejercicios y toma vitaminas.   6. Nosotros nos ponemos los uniformes antes de trabajar.   Nosotros ponemos la ropa en los armarios.

8-9. Mi rutina.

Answers may vary.

8-10. La fábrica.

1. apoyo   2. redecilla   3. aumento   4. protección   5. bienestar   6. oficina   7. mano de obra   8. aumento

8-11. En la fábrica.

1. mano de obra   2. equipo   3. sindicato   4. bienestar   5. aumento   6. fábrica   7. huelga   8. prueba

8-12. Los sustantivos.

Verb	Noun	Meaning
aumentar	el aumento	the raise
pelear	la pelea	the fight
gritar	el grito	the shout
apoyar	el apoyo	the support
enojarse	el enojo	the anger
probar	la prueba	the test
solucionar	la solución	the solution
organizarse	la organización	the organization

8-13. Acciones recíprocas.

Answers may vary. Some possible answers follow.

1. Se quieren mucho.   2. Se pelean.   3. Se hablan con frecuencia.   4. Se ven todos los días.   5. Se divorcian.   6. Se reúnen para tomar decisiones.

8-14. ¿Qué hacen?

1. Los trabajadores se gritan.   2. Los supervisores se apoyan.   3. Los miembros del sindicato se cuidan.

4. Mi supervisor y yo nos consultamos todos los días.
5. Mis colegas y yo nos comunicamos bien.   6. Los amigos se escriben.

8-15. Los sustantivos.

Verb	Noun	Meaning
capacitar	la capacitación	the education
retener	la retención	the retention
predecir	la predicción	the prediction
innovar	la innovación	the innovation
conocer	el conocimiento	the knowledge
establecer	el establecimiento	the establishment
influenciar	la influencia	the influence
imaginar	la imaginación	the imagination

8-16. Los empresarios.

1. cadena   2. recetas   3. ingredientes   4. capacitar
5. saber   6. predecir   7. nutracéuticas   8. retener

8-17. ¿Qué sabe Ud.?

1. sé   2. sabe   3. saben   4. saben   5. sabemos
6. saben   7. sabes   8. sabe

8-18. ¿A quién conoce Ud.?

1. conozco   2. conoce   3. conoce   4. conocen
5. conozco   6. conozco   7. conoces   8. conocemos
9. conocemos.

8-19. ¿Saber o conocer?

1. conoce   2. sé   3. conocen   4. sabemos   5. saben
6. conocemos   7. conozco   8. saben

8-20. ¿Cómo se cosecha el algodón (cotton)?

1. Preparan la tierra con el tractor.   2. Abonan la tierra antes de sembrar.   3. Ponen las semillas en la tierra.
4. Riegan después de sembrar.   5. Quitan la mala hierba.   6. Después de quitar la mala hierba, usan la irrigación cuando no hay lluvia.   7. Cosechan el algodón.

8-21. El complemento directo.

1. la   2. lo   3. las   4. la   5. los   6. lo   7. los   8. la

8-22. ¿Qué hago?

1. Sí, léalo. No, no lo lea.   2. Sí, abónela. No, no la abone.   3. Sí, recójalas de los árboles ahora. No, no las recoja de los árboles ahora.   4. Sí, empaquételos hoy. No, no los empaqueten hoy.   5. Sí, riéguelas con frecuencia. No, no las riegue con frecuencia.   6. Sí, espérenla. No, no la esperen.   7. Sí, protéjanlas contra los pajaros. No, no las protejan contra los pájaros.

8. Sí, póngalo cerca de la finca. No, no lo ponga cerca de la finca.

8-23. ¿Qué me puede decir de la finca?

1. Sí, la preparamos con el tractor.   2. Sí, lo pongo en los campos.   3. Sí, la necesitan.   4. Sí, las recomiendo.
5. Sí, las detestamos.   6. Sí, la tengo.   7. Sí, los invitamos a la reunión de trabajadores.   8. Sí, lo ven.

8-24. ¡A leer!

1. Una maquiladora es una fábrica donde ensamblan o reparan bienes.   2. La agencia mexicana que regula la maquiladora es la Secretaría de Comercio y Fomento Industrial o SECOFI.   3. TLCAN es el Tratado de Libre Comercio de América del Norte o NAFTA. Es un tratado que permite que los bienes, las inversiones y los servicios se circulen libremente. Los países miembros son México, Canadá y Estados Unidos.
4. Answers will vary.

Lección 9: El comercio global

9-1. Las acciones del comercio.

Answers will vary.

9-2. Llenar el espacio en blanco.

1. factura   2. ensamblaje   3. componentes
4. maquiladora   5. frontera   6. aduana   7. aranceles
8. leyes laborales

9-3. ¿Cuál no pertenece?

1. planta   2. frontera   3. fábrica   4. corredores
5. componente   6. expansión   7. producto
8. trasladar

9-4. El subjuntivo.

1. investiguemos   2. trabajen   3. paguen
4. considere   5. lleguen   6. abra   7. vaya   8. se laven
9. hagan   10. pidamos   11. sirva   12. sea

9-5. Las instrucciones.

All sentences begin with *quiero* or *prefiero*. . .

1. . . .que utilices materias primas.   2. . . .conozcas al corredor de la aduana.   3. . . .reduzcas los gastos en la planta.   4. . . .te encargues de hacer nuevos horarios.
5. . . .aprendas las nuevas técnicas de la competencia.
6. . . .transportes los componentes en camión.
7. . . .vuelvas a la frontera con los documentos.
8. . . .repitas las instrucciones.   9. . . .te vistas de uniforme.   10. . . .revises los camiones de transporte.

9-6. ¿Qué quiere Ud. que haga yo?

Answers will vary.

9-7. El transporte.

1. mercancía   2. buque   3. puerto   4. almacén
5. camión   6. factura   7. aduana   8. bultos   9. grúa
10. aranceles

9-8. ¿Cuál no pertenece?

1. planta   2. avión   3. carril   4. pescado   5. bulto
6. almacén   7. pescado   8. muelle   9. camarones
10. transporte

9-9. Haga una lista.

Tierra	Vía aérea	Mar
la red ferroviaria	el avión	el buque
el camión	el avión de carga	el centro de transporte marítimo
el tren	el transporte aéreo	el yate
la carretera		el puerto
el semi-remolque		la grúa
el camión frigorífico		el muelle
el tren de mercancías		
los carriles		
el raíl		

9-10. El chófer de camión.

1. El supervisor exige que los trabajadores empaqueten bien las cajas de componentes.   2. El supervisor prohíbe que los chóferes lleven a inmigrantes ilegales en el camión.   3. El supervisor recomienda que Uds. tomen un descanso de vez en cuando.   4. El supervisor recomienda que nosotros almorcemos bien.
5. El supervisor exige que yo entregue los documentos en la aduana.   6. El supervisor recomienda que los chóferes demuestren respeto en la aduana.   7. El supervisor prohíbe que tú traigas drogas en el camión.
8. El supervisor prohíbe que ellos transfieran la carga a otro camión.   9. El supervisor prohíbe que nosotros les vendamos la carga a personas no autorizadas.
10. El supervisor exige que Uds. lleguen a tiempo a la maquiladora.

9-11. Los obreros.

1. Sugerimos que se cambien en el vestidor.
2. Sugerimos que se pongan el uniforme.
3. Sugerimos que lleven puesta la redecilla.
4. Sugerimos que se laven las manos.   5. Sugerimos que cumplan con las cuotas.   6. Sugerimos que cooperen con los supervisores.   7. Sugerimos que

no fumen en la planta.   8. Sugerimos que vengan al trabajo todos los días.

9-12. ¿Cómo se transportan?

Answers will vary.

1. Sugiero que transporte los componentes al interior de México por avión.   2. Sugiero que transporte el algodón a Chile en buque.   3. Sugiero que transporte computadoras a Bolivia por avión.   4. Sugiero que transporte una cantidad muy grande de petróleo a la Argentina en buque.   5. Sugiero que transporte la tela a la frontera con México en camión.   6. Sugiero que transporte el trigo a Venezuela en buque.   7. Sugiero que transporte autos a Paraguay en buque.   8. Sugiero que transporte muebles a Perú en avión de carga.

9-13. La importación y la exportación.

Answers will vary.

9-14. En la plantación.

1. finca   2. semillas   3. tierra   4. tractores   5. abono
6. mala hierba   7. lluvia   8. regar   9. cosecha
10. pesticidas   11. medio ambiente
12. contaminación

9-15. Unas sugerencias.

The first part of each sentence will use one of the impersonal expressions and will then be followed by:
1. . . .contrate a obreros confiables.   2. . . .ofrezca buenos beneficios.   3. . . .tenga un flete de camiones.
4. . . .conozca a los aduaneros.   5. . . .ponga buenos supervisores en la planta.   6. . . .utilice controles de seguridad.   7. . . .cumpla con las leyes del tratado.
8. . . .pida ayuda cuando sea necesario.

9-16. La contaminación del aire.

The first part of each sentence will use one of the impersonal expressions and will then be followed by:
1. . . .hables con un abogado sobre los trámites.
2. . . .consultes a agentes del gobierno sobre la importación.   3. . . .leas los folletos del departamento de agricultura.   4. . . .pidas permisos de la aduana.
5. . . .revises la solicitud para las cartas de crédito con el banco.   6. . . .exijas un control de calidad.
7. . . .investigues los medios de transporte.   8. . . .vayas al país para hablar de los pesticidas.

9-17. El sustantivo.

Verb	Noun	Meaning
alegrarse	la alegría	the happiness
trasladar	la traslación	the transfer
realizar	la realización	the fulfillment

transformar	la transformación	the transformation
contestar	la contestación	the answer, reply
procesar	el procesamiento	the processing
cumplir	el cumplimiento	the compliance

9-18. En el bufete.

Answers will vary.

1. Raquel quiere ir a Costa Rica para hablar con productores de frutas tropicales.   2. Quiere importar frutas tropicales para su negocio de mermelada.
3. Los obreros van a necesitar visas.   4. Van a la embajada de Estados Unidos en Costa Rica.
5. Raquel también busca un local.   6. Raquel necesita investigar las leyes de los dos países.

9-19. ¡Muchos trámites!

Answers will vary.

9-20. Las emociones.

1. Estoy contento/a de que los productores de frutas tropicales sean muy amables.   2. No creo que no produzcan mucha variedad de frutas.   3. Estoy contento/a de que quieran trabajar conmigo.
4. Siento que tengas problemas con la aduana.
5. Estoy contento/a de que el agente de bienes raíces sea muy cooperativo.   6. No creo que vayan a venderte un local muy barato.   7. Siento que el gobierno imponga leyes difíciles para la compra de un local.
8. Siento que estés muy cansada de hacer tanto trabajo.

9-21. Preocupaciones.

1. tenga   2. esté   3. sepan   4. lleguen   5. cumplan
6. haya   7. tenga   8. pasen   9. conozcamos   10. va

Lección 10: El papel del gobierno

10-1. La familia de palabras.

la investigación	investigar	to investigate
la acusación	acusar	to prosecute, to accuse
la citación	citar	to subpoena
el jurado	jurar	to swear
el juez	juzgar	to judge
la legislación	legislar	to legislate
el fraude	defraudar	to defraud
la caída	caer	to fall
el comercio	comerciar	to trade
la constitución	constituir	to constitute, to form

10-2. El gobierno.

1. evento   2. gobierno   3. comité   4. audiencia
5. presupuesto   6. auditor   7. congreso   8. jurado

10-3. Una visita al Senador.

1. empecé   2. llegué   3. tomamos   4. conversamos
5. llevó   6. dio   7. salimos   8. leyó
9. asistimos   10. almorcé

10-4. Cómo pasé mi día.

1. Salí para el trabajo a las siete y media.   2. Recogí el correo del senador a las ocho.   3. Busqué la información de la investigación a las ocho y media.
4. Arreglé la información para el senador a las nueve.
5. Leí el memorandum del comité a las nueve y media.
6. Preparé una respuesta al memorandum para el senador a las diez.   7. Compré dos bebidas en el café a las diez y media.   8. Le di el informe completo al senador a las once.   9. Incluí el informe en los paquetes a las once y media.   10. Almorcé con Marta.

10-5. ¿Cuánto tiempo hace que…?

1. Hace tres meses que yo le escribí al congresista.
2. Hace tres semanas que Uds. cancelaron una cita.
3. Hace diez minutos que la secretaria tomó un mensaje.   4. Hace seis meses que nosotros volvimos al médico.   5. Hace cinco años que Ud. compró un auto defectuoso.   6. Hace dos meses que yo descubrí un error en la planilla de los impuestos.   7. Hace dos días que tú viste las noticias.   8. Hace tres semanas que el agente alquiló un auto.   9. Hace un año que los constituyentes oyeron un buen discurso político.
10. Hace seis semanas que el comité recaudó fondos.

10-6. El significado.

Answer will vary.

10-7. La educación bilingüe.

1. Aprobaron una ley para eliminar la educación bilingüe en California y en Arizona.   2. Eliminaron la educación bilingüe en California en 1998 y en Arizona en 2000.   3. Answers will vary.

10-8. Los voluntarios.

1. Los voluntarios supieron las estadísticas de la votación a las doce.   2. Pusieron los folletos en los lugares de interés.   3. Hicieron mucho trabajo por la noche.
4. Tuvieron problemas con los periodistas.   5. Fueron a todos los negocios para pedir apoyo.   6. Estuvieron en el trabajo por doce horas.   7. Quisieron conocer al candidato.   8. Vinieron al debate.   9. Fueron los mejores voluntarios de la campaña.   10. No pudieron acompañar al candidato al aeropuerto.

10-9. ¿Qué hizo Ud.?

1. Conocí al candidato cuando pasó por mi ciudad.
2. Leí los folletos de información sobre su postura.
3. Fui a escuchar un discurso.   4. Quise conocer a todos los candidatos.   5. Trabajé en una de las campañas.   6. Estuve en el debate.   7. Tuve tiempo para ver a los candidatos en televisión.   8. Fui voluntario en la campaña.   9. Supe las opiniones de los candidatos en cuanto a la educación.   10. Voté.

10-10. Durante la campaña.

Answers will vary.

10-11. Las organizaciones sin fines de lucro.

1. beneficio   2. ambientales   3. sinagogas   4. médica
5. ingresos   6. arte   7. animales   8. medio ambiente
9. impuestos   10. donativos   11. justo
12. voluntarios

10-12. El significado.

Answers will vary.

10-13. Las acciones de los voluntarios.

1. Repetí las instrucciones. Los voluntarios repitieron las instrucciones.   2. Preferí trabajar en la zona más peligrosa. Los voluntarios prefirieron trabajar en la zona más peligrosa.   3. Seguí al grupo al río. Los voluntarios siguieron al grupo al río.   4. Elegí un trabajo difícil. Los voluntarios eligieron un trabajo difícil.   5. Le traje provisiones a la gente. Los voluntarios le trajeron provisiones a la gente.
6. Traduje las instrucciones. Los voluntarios tradujeron las instrucciones.   7. Le dije la verdad a la víctima. Los voluntarios le dijeron la verdad a la víctima.   8. Les pedí ayuda a mis compañeros. Los voluntarios les pidieron ayuda a sus compañeros.

10-14. La organización sin fines de lucro.

1. Juan le trajo comida a la gente necesitada.   2. Juan no les mintió a los donantes.   3. Juan pidió donativos por teléfono.   4. Juan se sintió nervioso cuando ocurrió la catástrofe.   5. Juan repitió la propaganda por teléfono.   6. Juan sirvió café durante la tormenta.
7. Juan estuvo en la región de la catástrofe.   8. Juan eligió trabajar como voluntario.

10-15. La voluntaria perfecta.

Answers will vary.

10-16. El medio ambiente.

1. desierto   2. glaciares   3. sequía   4. selva
5. invernadero   6. inundación   7. capa
8. calentamiento

10-17. El medio ambiente y Estados Unidos.

Answers will vary.

10-18. Llene el espacio en blanco.

1. ejerció   2. arrendó   3. recaudaron
4. sobrevivieron   5. cancelaron   6. aliviaron   7. dañó
8. presionó

10-19. Las actividades del Congreso.

1. fue   2. tuvo   3. fue   4. dio   5. acusaron
6. explicó   7. dijo   8. habló   9. tradujo
10. almorzaron   11. pidieron   12. sirvió

10-20. ¡A leer!

1. F Varios profesionales de la compañías grandes forman parte de la junta directiva del Fondo Unido.
2. F Tiene un director.   3. C   4. F Sus programas son para los niños.   5. F Quieren cambiar la sociedad a largo plazo.

Lección 11: El mundo de la tecnología

11-1. El comercio electrónico.

1. correo electrónico   2. hospedaje   3. palabra clave
4. diseñar   5. banderas de publicidad   6. extensión
7. enlaces   8. página principal

11-2. Una búsqueda.

1. motor de búsqueda   2. palabras claves   3. sitios
4. banderas de publicidad   5. cerrar   6. enlaces
7. contraseña   8. usuario

11-3. ¿Siempre, con frecuencia o a veces?

The use of *siempre*, *con frecuencia*, and *a veces* will vary.

1. Leía la publicidad en Internet a veces.   2. Siempre tenía una computadora portátil.   3. Siempre jugaba partidos en la computadora.   4. Con frecuencia iba de vacaciones en el verano.   5. A veces les escribía correos electrónicos a mis amigos.   6. Con frecuencia navegaba por Internet.   7. A veces diseñaba páginas.
8. Siempre veía televisión.

11-4. Antes y ahora.

1. Antes yo recibía muchas cartas, y ahora recibo correo electrónico. 2. Antes Uds. iban al cine, pero ahora van a las tiendas de vídeo. 3. Antes Miguel navegaba por el océano, pero ahora navega por Internet. 4. Antes tú utilizabas la pantalla de la televisión, pero ahora utilizas la pantalla de la computadora. 5. Antes los adultos se preocupaban por sus memorias, pero ahora se preocupan por la memoria de la computadora. 6. Antes yo decía la palabra red cuando pescaba, pero ahora digo esa palabra cuando uso la computadora. 7. Antes nosotros conseguíamos libros en la librería, pero ahora consigo libros en Internet. 8. Antes ellos hacían investigación en la biblioteca, pero ahora hacen investigación en Internet.

11-5. ¿Qué hacía cuando era niño/a?

Answers will vary.

11-6. Mi compañía en Internet.

1. página 2. usuario 3. contraseña 4. sitio
5. carrito 6. caja 7. tarjeta de crédito 8. envío

11-7. ¿Cómo se dice?

Answers will vary.

11-8. ¡Llegó el jefe!

1. El gerente de ventas buscaba unos documentos cuando llegó el jefe. 2. Yo navegaba por Internet cuando llegó el jefe. 3. Mi colega jugaba en la computadora cuando llegó el jefe. 4. Nosotros hacíamos aviones de papel cuando llegó el jefe.
5. Uds. bebían un café cuando llegó el jefe. 6. Tú diseñabas una página personal cuando llegó el jefe.
7. El asistente escribía un correo electrónico personal cuando llegó el jefe. 8. Los trabajadores descansaban cuando llegó el jefe.

11-9. Una oficina ocupada.

1. Yo preparaba una factura mientras la secretaria buscaba unos datos. 2. Nosotros hacíamos las listas mientras Uds. mandaban los paquetes. 3. Ud. escribía un mensaje mientras ellos recibían los pagos. 4. Yo pedía piezas de repuesto mientras Isabel almorzaba.
5. El agente describía la póliza mientras Uds. le daban la cotización al cliente. 6. El técnico arreglaba la impresora mientras yo investigaba el comercio-e.
7. Los clientes esperaban en la sala mientras el gerente de crédito cargaba la información. 8. La secretaria bebía café mientras el jefe comía una manzana.

11-10. ¿Cómo se sentía?

1. Ramón se sentía incómodo cuando fue a casa de su jefe. 2. Yo estaba cansado cuando el jefe me pidió otro favor. 3. Nosotros nos sentíamos furiosos cuando la compañía no nos subió el sueldo. 4. Ud. tenía sueño cuando el representante vino a su oficina.
5. Mi jefe no sabía qué hacer cuando las ventas bajaron.
6. Yo tenía hambre cuando nosotros terminamos el trabajo a las doce.

11-11. Antes y ahora.

	Antes	Ahorar
1. el ratón	un animal	la computadora
2. el teclado	una máquina de escribir	la computadora
3. la memoria	la edad	la computadora
4. la red	pescar	Internet
5. archivar	documentos en la oficina	la computadora
6. el menú	el restaurante	la computadora
7. el disco	la música	la computadora
8. el Palm	la mano	un asistente digital personal

11-12. Los PDAs.

Answers will vary.

11-13. Antes y ayer.

1. Antes escribía cartas largas, pero ayer mandé un e-mail. 2. Antes iba a las tiendas, pero ayer hice compras por Internet. 3. Antes preparaba todo en la máquina de escribir, pero ayer guardé todo en la computadora. 4. Antes conversaba con mi familia por teléfono, pero ayer me comuniqué en una sala de charla. 5. Antes buscaba libros en la biblioteca, pero ayer hice investigaciones en la Red. 6. Antes jugaba a Pacman, pero ayer escuché música en iPod. 7. Antes revelaba fotos en la tienda, pero ayer saqué fotos con una cámara digital. 8. Antes usaba una lista de mandados, pero ayer utilicé mi agenda del Palm.

11-14. Mi colega fenomenal.

1. Beatriz escribía mientras hablaba conmigo.
2. Beatriz explicaba el problema mientras comía.
3. Beatriz navegaba por la Red mientras escuchaba música. 4. Beatriz jugaba en la computadora mientras charlaba por teléfono. 5. Beatriz buscaba una factura mientras le decía el problema al jefe. 6. Beatriz aprendía a diseñar una página mientras bebía un refresco. 7. Beatriz leía un libro mientras veía televisión. 8. Beatriz conducía el coche mientras hacía una llamada por teléfono celular.

11-15. El aparato de mis sueños.

Answers will vary.

11-16. El inventario.

Answers will vary.

11-17. ¡Se apagaron las luces!

1. Eran 2. leía 3. hacían 4. puse 5. salí 6. tenía
7. me sentía 8. dijo 9 tenía

11-18. Roberto fue de compras.

1. trabajaba 2. hacía 3. encontró 4. decidió
5. tenía 6. salió 7. fue 8. estaba 9. tenía
10. Compró 11. volvió

11-19. La información biográfica.

Answers will vary.

Lección 12: Repaso II

Lección 7: Las finanzas

12-1. Las transacciones.

1. cheque de viajero 2. certificado de depósito
3. caja de seguridad 4. saldo 5. transferir 6. tasa

12-2. ¿Qué se puede hacer en el banco?

Answers will vary.

12-3. ¿Qué se hace…?

1. Se llena la solicitud. 2. Se escribe la fecha en la
solicitud. 3. Se firma la solicitud. 4. Se resuelven los
problemas de crédito. 5. Se pagan las cuentas a
tiempo. 6. Se mantienen copias de las cuentas.
7. Se hace una llamada telefónica antes del primer uso.
8. Se compra algo bonito.

12-4. Isabel es muy rápida.

1. Acabo de depositar los cheques. 2. Acabo de sacar
dinero de la cuenta corriente. 3. Acabo de buscar una
buena tasa de interés. 4. Acabo de solicitar una tarjeta
ATM/ débito. 5. Acabo de comprar acciones de
IBM. 6. Acabo de consultar al corredor de acciones.

12-5. El significado.

Answers will vary.

12-6. Los gustos.

1. A nosotros nos gusta ganar interés en la cuenta de
ahorros. 2. A mí no me gusta perder dinero en la Bolsa
de valores. 3. A los trabajadores no les gusta pagar
muchos impuestos. 4. A ti no te gustan las multas altas.
5. A ustedes les gusta recibir un reembolso del IRS.

6. Al Sr. Alonzo no le gustan las deudas. 7. A nosotros
no nos gusta deberle dinero al IRS. 8. A los contadores
no les gusta la información incompleta.

Lección 8: La industria y la producción

12-7. Los sinónimos.

1. e 2. h 3. f 4. g 5. a 6. c 7. d 8. b

12-8. Mi hermanito es diferente.

1. Mi hermana y yo nos levantamos a las ocho. Pero
mi hermanito se levanta (*here answers will vary*). 2. Mi
hermana y yo nos duchamos con agua caliente. Pero
mi hermanito se ducha… 3. Mi hermana y yo nos
peinamos en el baño. Pero mi hermanito se peina…
4. Mi hermana y yo nos vestimos de ropa informal.
Pero mi hermanito se viste de… 5. Mi hermana y yo
nos vamos a las diez. Pero mi hermanito se va… 6.
Mi hermana y yo nos divertimos en las clases. Pero mi
hermanito se divierte… 7. Mi hermana y yo nos
quitamos los zapatos antes de dormir. Pero mi
hermanito se quita… 8. Mi hermana y yo nos
acostamos temprano. Pero mi hermanito se acuesta…

12-9. ¿Saber o conocer?

1. conozco 2. sabe 3. conoce 4. sabe 5. sé
6. saben 7. conoce 8. saber

12-10. ¿Qué hacemos?

1. Sí, recójanla. 2. Sí, mírenlo. 3. Sí, riéguenlas.
4. Sí, abónenlas. 5. Sí, protéjanlo. 6. Sí, háganlo.
7. Sí, condúzcanlo. 8. Sí, coséchenlo.

Lección 9: El comercio global

12-11. Los sinónimos.

1. ensamblar 2. el arancel 3. los componentes 4. la
factura 5. revisar 6. trasladar 7. las leyes 8. explorar

12-12. El subjuntivo.

1. carguen 2. pongan 3. dé 4. vayan 5. acepte
6. revisen 7. investigue 8. llegue

12-13. Los derechos de los trabajadores.

Answers will vary.

12-14. Los medios de transporte.

Answers will vary.

12-15. La inmigración.

1. No creo que pase por la aduana rápidamente.
2. Dudo que hagan todos los trámites en una oficina.
3. Recomiendo que consiga una visa. 4. Les aconsejo

que declaren todo en la aduana.   5. Le sugiero que llegue temprano al aeropuerto.   6. Recomiendo que lleve una carta de crédito para hacer la transacción. 7. Les sugiero que busquen un banco comercial en el otro país también.   8. Es importante que aprendan algo de la otra cultura.

Lección 10: El papel del gobierno

12-16. El gobierno.

1. Congreso   2. jurado   3. legislación   4. comité 5. fraude   6. auditor

12-17. ¿Qué hizo el año pasado?

1. Hablé con los constituyentes.   2. Aprobé leyes en el Congreso.   3. Escuché un debate sobre contabilidad. 4. Empecé un comité nuevo.   5. Investigué un caso de fraude.   6. Di varias recepciones.   7. Leí muchos informes.   8. Hice un presupuesto.

12-18. En la capital.

1. El interno llegó al bufete a las ocho.   2. El senador Jones fue a una audiencia a las nueve.   3. Los cabilderos hablaron por teléfono por la mañana. 4. Los constituyentes y yo almorzamos con unos senadores.   5. Ud. hizo una reservación para un viaje. 6. Yo saqué fondos del banco.   7. El chófer puso el portafolios en la cajuela del auto.   8. Los representantes condujeron al aeropuerto.

12-19. ¿Cuánto tiempo hace que...?

Answers will vary.

1. Hace un año que María sirvió comida en la iglesia.
2. Hace...que pidió fondos para la Cruz Roja.
3. Hace...que durmió en una tienda de campaña.
4. Hace...que consiguió donativos para las víctimas.
5. Hace...que siguió las instrucciones de los bomberos.
6. Hace...que repitió los buenos puntos de la causa.
7. Hace...que se vistió para trabajar afuera.
8. Hace...que hizo una lista de necesidades.

12-20. Los voluntarios.

1. Pidieron ayuda para las víctimas de la catástrofe.
2. Hicieron planes para visitar a una familia pobre.
3. Buscaron fondos para comprar la comida.
4. Condujeron el camión para entregar la comida.
5. Sirvieron la comida.   6. Repitieron sus acciones varias veces.   7. Trajeron muebles al almacén.
8. Tradujeron para los que no hablaban inglés.

12-21. El significado.

Answers will vary.

Lección 11: El mundo de la tecnología

12-22. La tecnología.

1. página principal   2. diseñar   3. extensiones 4. enlaces   5. carrito de compras   6. buscador o motor de búsqueda

12-23. Los hábitos.

Answer will vary.

12-24. ¿Qué hacían Uds.?

1. El cartero entregaba el correo.   2. Yo investigaba una compañía rival.   3. Los asistentes recibían llamadas de los clientes.   4. Nosotros íbamos a otra oficina. 5. Uds. volvían del descanso.   6. La secretaria le pedía ayuda al técnico.   7. Tú bebías un café.   8. Mi jefe abría su computadora portátil.

12-25. Ayer en la oficina.

1. llegué   2. sentía   3. tenía   4. dijo   5. necesitaba 6. decidí   7. Era   8. entré   9. escribía   10. daba 11. contestaban   12. empecé   13. escuché   14. Salí 15. entré   16. vi   17. estaba   18. corrí   19. dijo 20. estaba   21. cayó